民主是什么？

——什么是伪民主？

邓嗣源 著

加拿大国际出版社

Canada International Press

书名：民主是什么？ ——什么是伪民主？
作者：邓嗣源
出版：加拿大国际出版社
国际书号 ISBN978-1-989763-86-5

9 781989 763865

出版时间：2022 年 5 月
电子书 ISBN978-1-989763-87-2
版权所有，翻印必究

Book Name: What is Democratic
Written by: Siyuan Deng
Published by: Canada International Press
ISBN: 978-1-989763-86-5
Ebook ISBN978-1-989763-87-2

本书简介

本书重点探讨民主概念的形成及其定义，以洛克的著作《政府论》为源头，回顾某些国家民主化的历程，从实践和理论两方面阐述现代民主之要旨；以洛克与卢梭在理论上的严重分歧，揭示伪民主的实质：以对一些学者有关民主、平等、自由等概念之论点的评析，澄清某些误解；以《竞争论》的观点解释现代民主之所以形成和发展的根据。最后的附录以对话的形式和通俗的语言，吸引读者参与讨论。

目录

前言

现代意义上的民主，作为一种政治体制，是近三百多年以来在政治竞争的实践中逐步形成、发展起来的，它与两千多年前的古希腊时期的"民主"鲜有相同之处。如今，民主化已经成为人类社会政治演变的潮流之一，同时，伪民主也随着成为另一股潮流而与之冲撞。伪民主创导者设计了一套专制独裁的政治哲学，披着"民主"的外衣抗衡民主化潮流，他们歪曲民主的原意，致使人们对于"民主是什么"的问题产生诸多疑问和误解、以致迷失方向，从而对民主化运动进行腐蚀、阻挡和瓦解。如果说，以前人们还没有觉察到这两股潮流的竞争，那么，当今世界上国与国的竞争中的诸多事实，已经把"民主"与"伪民主"相互对抗的情势呈现在每个人的面前，一些国家坚持"自由民主"、"民主宪政"，另一些国家鼓吹所谓"人民民主"、"全过程民主"，双方的对抗逐步趋于势不两立。所以，"民主是什么？"以及"什么是伪民主？"、如何予以识别？也成为当前必须给予回答的迫切问题。

本书将正面地论述现代民主，以英国哲学家洛克为源头，回顾美国二百多年以来的民主化进程，从历史经验中提炼出民主的涵义。本书将以更多的篇幅评析法国哲学家卢梭的政治哲学，以充分的论据揭示其"伪民主真独裁"的实质，并从卢梭对后世产生影响的历史和现实中，感悟到识别伪民主的重要意义。

本书还将对某些自称为"自由主义"的学者歪曲和贬低民主的言论加以评析，以便加深对"民主是什么"的认识。

本书附有两篇对话，一是"关于多数暴政的对话"，二是"关于平等的对话"，以聊天的方式和通俗易懂的语言，帮助读者更容易地理解民主的基本理念。

第一章 洛克的政治哲学

约翰.洛克（１６３２年８月２９日—１７０４年１０月２８日）是英国哲学家，他的著作流传至今，已有三百多年，却仍然能使当代追求真理者从中得到启示，人们不得不惊叹他的思想所及竟是如此深远。

洛克思想中像金子般闪亮的部分，是他的政治哲学（即《政府论》）。是洛克，第一个系统阐述了现代民主理论的基本理念，是洛克，第一个设计了现代民主政体的基本框架。如果说，洛克的一些观点，在他之前早已有人陆续提出过，那么应该说，只有到了洛克那里才被联结起来，组成一个思想的体系。所以，我们可以毫不犹豫地将"现代民主的奠基人"这一桂冠奉献给洛克。

第一节　洛克所处的时代背景

在洛克生活的那个年代，英国社会的政治、经济、宗教等矛盾趋于尖锐，连续不断发生混乱动荡，各种政治力量反复较量，在众多矛盾中起着主要作用的，是国会（议会）和君主争夺权力的斗争，其结果是，确立了君主立宪政体。从下面列出的重大事件中，可以看出当时这一历程，1628 年，议会通过了限制王权的权利情愿书。次年，国王查理一世解散议会。1640 年，因发生苏格兰人起义，国王为筹措军费召集议会，遭议会中的资产阶级、新贵族议员抵制，他们要求进一步限制王权，查理一世再次解散议会。半年后，又被迫重开议会，通过《三年法令》，削减王权，增加议会权力。1642 年，查理一世举兵讨伐国会，挑起内战。1645 年，克伦威尔率军战胜国王军队。1646 年，查理一世成为国会的阶下囚。1648 年，保皇党与苏格兰军队同盟，挑起第二次内战，克伦威尔率军击溃之。1649 年，查理一世被当众处决，议会通过取消上院（贵族院）、废除君主制的决议，又宣布英国为共和国。1653 年，克伦威尔解散国会，成为"护国公"，共和制被推翻，实施军事独裁专制。1658 年，克伦威尔逝世，蒙克将军率军回伦敦，与亡命法国的查理. 斯图亚特达成协议，并于 1660 年让其登位，成为查理二世国王。1685 年，查理二世去世，其弟继位即詹姆斯二世。1688 年，议会中的"辉格党"及"托利党"议员发动"光荣革命"，废黜詹姆斯二世，推举其女儿玛丽及其丈夫威廉为英国女王及国王，1689 年，订立"权利法案"，主要内容有：国王不得干涉法律；没有议会同意，国王不得征税；人民有向国王请愿的权利；人民有配带武器以用以自卫的权利；人民有选举议会议员的权利；国王不得干涉议会言论自由；国王必须定期召开议会等。由此确立了君主立宪制的基础。

　　1666 年，34 岁的洛克认识了沙夫茨伯里伯爵，后为伯爵治病，并搬进伯爵府中居住，作为其助手和秘书。沙夫茨伯里伯爵是英国国会中反对国王查理二世的"辉格党"领袖，1672 年曾被指派为大法官。从此，洛克就被卷入国会与国王之间反复争斗的旋涡中心。1675 年，沙夫茨伯里伯爵政治失势，洛克离开英国去法国旅行。1679 年沙夫茨伯里伯爵的政治情势好转，洛克回到英国。1683 年，洛克被怀疑参与刺杀国王的事件，于是逃亡荷兰，专事写作。光荣革命时返回英国，随即整理文稿并出版，作为一座丰碑的《政府论》就此问世，不但轰动当时，更是流芳后世。

第二节　洛克写作《政府论》的目的

　　在当时英国的政治斗争中，洛克站在国会一边反对国王，但他写作《政府论》的目的，不只是为了反对查理二世，他有更宏大的志愿，他要创建一种新的政治理论，即与君主专制政治理论针锋相对的理论，他要创设一种新的政治体制，与君主专制政治体制针锋相对的体制。在洛克之前的漫长岁月里，维护君主专制政治的理论层出不穷。洛克十分痛恨绝对的专制的权力，十分痛恨为绝对权力提供依据的理论。在洛克看来，这种理论宣扬"一切政府都只是强力和暴力的产物，人们生活在一起乃是服从弱肉强食的法则"；这种理论"奠定了永久混乱、祸患、暴动、骚乱和叛乱的基础"；这种理论怂恿"统治者的野心和奢侈",让其毫无限制地滥用权力、侵害人民。

洛克选中罗伯特.菲尔麦爵士及其著作为对象,他称此人为"绝对权力的拥护者和崇拜者",他把此人的理论体系归结为一句话:"一切政府都是绝对君主制,他所依据的理由是:没有人是生而自由的"。这位爵士费尽心机论证,君主享有的绝对权力是神权赋予的,君主对臣民拥有生杀大权,任何人生下来就在君主的绝对统治之下,没有反抗统治者和选择政府的自由。

洛克在《政府论》上篇,逐一批驳了"神授绝对君权"理论的一系列观点,在《政府论》下篇,他提纲挈领地写道,"世界上的统治者"和"世界上的一切政府",要想从菲尔麦爵士这类理论中得到"一切权力的根源"之依据,已经"成为不可能了",那么,"一切权力的根源"在哪里?洛克指出,他将在下篇阐述"一种关于政府的产生、关于政治权力的起源和关于用来安排和明确谁享有这种权力的方法的说法。"所以,洛克为这部(下篇)设计的副标题,正是:"论政府的起源、范围和目的"。

洛克的目的,是要回答一个根本性的问题:"权力的根源"在哪里?洛克告诉人们:"权力的根源"在于人民;洛克还要回答一个重要问题:如何制约权力?如何防止和制止统治者滥用权力?洛克告诉人们:依靠人民的力量,依仗"人民的权力";人民,作为众多分散个体的集合,如何形成"人民的权力"?洛克要为人民设计一种政治体制，告诉人民一套方法，如何联合起来成为整体的方法，如何实施"人民的权力"的方法，如何"安排和明确"统治者和政府的方法。如他所说，"这一切都只是为了公众福利"，是为了保护每个人的"自然权利"即天赋人权。

第三节　洛克政治理论的基本理念

洛克的政治理论是由若干理念编织而成的，其中主要的基本理念是——

一，什么是国家、政府和统治权。

洛克写道："政治的或公民的社会，其形成的情形是：处在自然状态的任何数量的人们，进入社会以组成一个民族、一个国家，置于一个有最高统治权的政府之下"（《政府论》下篇第七章）。这段话讲到"人们"、"国家"、"政府"和"统治权"，"人们"就是指"人民"。这段话的意思是说，国家由人民组成，组成国家的人民设立政府，政府拥有统治权，人民则置于政府的统治之下。统治权，即国家的最高权力，即政府拥有的权力，洛克又称之为政治权力，他说政治权力就是制定法律的权力，以及使用共同体的力量（全体成员的共同力量）执行法律和抵御外来侵害的权力。

二，国家、政府和统治权的起源

国家由人民组成，那么，人民是怎么组成国家的？洛克写道："构成共同体并使人们脱离涣散的自然状态而成为一个政治社会的，是每个人同其余的人所订立的协议，由此结成一个整体来行动，并从而成为一个单独的国家。"他还写道："政治社会都起源于自愿的结合和人们自由地选择他们的统治者和政府形式的相互协议"（《政府论》下篇第八章）。意思是说，国家是由人民"自愿结合"并"相互协议"而组成的，该协议的主要内容是对"统治者"和"政府形式"做出决定，人民在做出决定时，有"自由选择"的权利。

三，国家、政府和统治权的目的：

人民是众多个体的集合，这众多的个体为什么要出于"自愿的结合"而组成国家呢？洛克写道："人们联合起来成为国家和置身于政府之下的重大的和主要的目的，是保护他们的财产"（《政府论》下篇第九章）。这里提到"财产"，他还写到："同其他人协议联合组成为一个共同体，以谋他们彼此间的舒适、安全和和平的生活，以便安稳地享受他们的财产并且有更大的保障来防止共同体以外任何人的侵犯"，这里也提到"财产"，洛克所说的"财产"，不只是指资产钱财，他说这是指"他的所有物，即他的生命、自由和财产"，还写道"他们的生命、特权和地产，即我根据一般的名称称之为财产的东西"（《政府论》下篇第八章）。洛克反复指出："人类一出生即享有生存权"，"所有的人生来都是平等的"，"我们是生而自由的"，由此可见，洛克所说的"财产"，就是指生命权、自由权、平等权、财产权等等，是作为人而拥有的平等的自然权利，即所谓"天

赋人权"。总之，人民之所以要"自愿的结合"而组成
国家，是因为出于共同的需要，即保护每个人应该享有
的人权，也就是说，国家、政府和统治权的产生，都起
源于保护人权的共同需要，建立国家、设立政府、树立
统治权的目的就是保护人权。

那么，为什么必须在"联合成为国家和置身于政府
之下"之后，才能保护人权呢？那是因为，要防止和制
止来自社会内部及外部的侵害，单靠任何个人力量是远
远不够的，必须依靠由人们联合起来形成的整体力量。
当人们联合成为一个整体，组成国家、设立政府以后，
授予政府统治权即制定和执行法律的权力，这样才能形
成"一种确定了的、规定了的、众所周知的法律，为共
同接受和承认为是非的标准和裁判他们之间一切纠纷的
共同尺度"，这样才能推出"一个有权依照既定的法律
来裁判一切争执的知名的和公正的裁判者"，并且"可
以使用全体成员的共同力量"，从而能够有效地防止和
制止侵害行为，达到保护人权的目的。

四，政府和统治者的权力范围：

洛克极其痛恨绝对的专断的权力，为此，他把如何
限制政府和统治者的权力，作为其政治理论的重要内容
之一，他写道："他们的权力，在最大范围内，以社会
的公众福利为限。这是除了实施保护以外并无其他目的
的权力。"这是洛克在原则上规定了政府和统治者的权
力范围。具体地说，洛克写道："应该以正式公布的既
定的法律来进行统治，这些法律不论贫富，不论权贵和

庄稼人都一视同仁，并不因特殊情况而有出入。"这就是说，政府的统治必须以法律为依据，而且，在法律面前人人平等，不允许政府和任何人超越法律，把个人的意志强加于他人。这也就是洛克提出的、现代称之为"法治"和"宪政"的理念。

五，多数原则：

人民是众多个体的集合，这众多的个体虽然为了保护人权而有着共同的需要，但他们互相之间存在着利益的纷争和意见的分歧，而且，如洛克所说，"人类天生都是自由、平等和独立的"，谁也没有权利把自己的利益和意见强加于他人。那么，他们之间如何达成一致遵循的协议呢？他们如何在"自由的选择"之后形成共同的决定呢？洛克告诉人们："当某些人基于每个人的同意建立一个共同体或政府时，他们因此就立刻结合起来并组成一个国家，那里的大多数人享有替其余的人做出行动和决定的权利"。这里提到了按大多数人的意见做出决定的原则，即"多数原则"。为什么必须确立这一原则？洛克说："当某些人基于每人的同意组成一个共同体时，他们就因此把这个共同体形成一个整体，具有作为一个整体而行动的权力。"接着，洛克说，只有遵循"多数原则"，才能形成"作为整体而行动的权力"，这是为什么呢？他说："因为如果大多数不能替其余的人做出决定，他们便不能作为一个整体而行动，其结果只有立刻重新解体"（《政府论》下篇第八章）。

洛克所说的"作为一个整体而行动的权力"，这个

"权力"就是"人民的权力"，分散的、平等的、自由的、独立的个体，如何形成"人民的权力"？只有一个好办法，即在协商的过程中遵循"多数原则"以达成共同决定。洛克十分重视"多数原则"，把它看作是让人民结成整体、形成"人民的权力"的唯一的好方法，他写道："这样，而且只有这样，才会或才能创立世界上任何合法的政府"。的确，要建立合法政府，"这样，而且只有这样"，舍此别无选择。

通过暴力和欺骗建立起来的政府，决不是合法的政府，因为这种政府是暴力斗争中取胜的一方建立起来的；因为这种政府的统治权靠一部分人剥夺另一部分人的权利而维持，不是由全体社会成员共同推举的；因为这种政府的统治必定导致对立、反抗和争斗，从而如同洛克所说，"奠定了永久混乱、祸患、暴动、骚乱和叛乱的基础"。只有让每个社会成员"自由、平等、独立"地参与到设置政府的活动中来，自由地选择"统治者和政府形式"，最后按照多数原则做出决定，实施"人民的权力"并授权政府行使统治权，只有这样做，才是和平地、合法地设立政府的唯一办法。

当专制独裁的暴政横行之时，人民有权通过暴力革命来推翻它，但是，推翻旧政府以后，必须按照上述"唯一的办法"来设置新的政府，否则，用任何其它方法设立的政府，都不是合法的政府。可见，按照洛克的思想，必须区分清楚：革命是一回事，设立政府是另一回事；革命可能是非暴力的，也可能迫不得已而使用暴力，但成立合法政府，只能通过全体社会成员平等参与、共同协商、按多数原则做出决定的办法，这是唯一的途径，唯一合法的、和平的途径。

其六，"人民的权力"和"政府的统治权"的关系：

如何看待这两种权力的关系，是现代民主理论中极其重要的内容，不过，这一点被众多学者忽略了。而洛克对此给予十分的重视，他在《政府论》的最后，再一次郑重地阐述了这两种权力的关系，以此作为全文的结束。

虽然洛克说到，政府行使的统治权包括立法权、执行权、军事权及对外权等，但他认为立法权是最高权力，所以在论述"人民的权力"和"政府的统治权"的关系时，洛克谈的是"人民的权力"和"立法权"的关系。他写道："立法权既然只是为了某种目的而行使的一种受委托的权力，当人民发现立法行为与他们的委托相抵触时，人民仍然享有最高的权力来罢免或更换立法机关"，但是洛克随后又写道；"人民的这种最高权力非至政府解体时不能产生"（《政府论》下篇第十三章）。

洛克在该书的最后写道：人民"规定他们的立法机关的期限，使任何个人或议会只是暂时享有这种最高权力，或如果掌权的人由于滥用职权而丧失权力，那么在丧失权力或规定的期限业已届满的时候，这种权力就重归于社会，人民就有权行使最高权力。"另外，洛克还写到，如果政府滥用职权、侵害人民，而且使用暴力压制人民，则人民有权使用暴力推翻政府。

这里应该指出，在洛克的论述中，我们应该深刻领会到一种理念，即：任何权力都是相对的、有限的。没有绝对的、永恒的权力，要坚决抵制一切把权力绝对化、无限化的说法。不论是人民的权力还是政府的权力，都是相对的、有限的，必须规定两种权力行使的范围和时间，只有这样，才能将这两种权力妥当地配置组合，从而建立良好的稳定的社会和国家，让人民享受安全而有序的共同生活。

根据洛克的论述，这两种权力的关系是：人民的权力先于政府的权力，政府的权力来源于人民的权力，人民的权力产生政府的权力，这是一方面；另一方面，政府的权力一旦合法地产生，人民虽然保留着最高的权力，但不再行使，人民必须接受政府的统辖和治理，服从政府的权力，这也正是人民设立政府的初衷，只有当政府因滥用职权侵害人民的时候，或按规定必须更换政府的时候，由人民行使其权力。

七，关于自由与平等：

追求平等和自由，是人类共同的理想，但是人们应该追求什么样的自由和平等？洛克对于"处在社会中的自由"或"处在政府之下的人们的自由"，是这样论述的："应有长期有效的规则作为生活的准绳，这种规则为社会一切成员所共同遵守，并为社会所建立的立法机关所制定。这是在规则未加规定的一切事情上能按我自己的意志去做的自由，而不受另一人的反复无常的、事前不知道的和武断的意志的支配；如同自然的自由是除了自然法以外不受其他约束一样。这种不受绝对的、任意的权力约束的自由，对于一个人的自我保卫是如此必要和有密切联系，以致他不能丧失它，除非连他的自卫手段和生命都一起丧失"（《政府论》下篇第四章）。

由此可见，洛克从两个方面来论述个人的自由，一是个人行为应该受到限制和约束，二是个人的自由权利不该受到的限制和约束；这里的"个人行为"和"个人自由权利"，是不同的两回事，行为应受限制和约束，权利不受限制和约束。如果有人认为"洛克式的自由"是指"不受约束的自由"，或指"约束下的自由"，那都是对洛克的片面理解。

洛克认为的"平等"是什么？他写道："虽然我在前面说过，所有的人生来都是平等的，却不能认为我所说的包括所有的各种各样的平等"接着，他指出他所谓的"生而平等"，不包括"年龄和德行"、"才能和特长"、"关系和利益"等方面的平等，然后，他明确地指出"与本文有关的那种平等"是什么："即一个人对其天然的自由所享有的平等权利，不受制于其他任何人的意志或权威"（《政府论》下篇第六章）。这里洛克又一次强调了"不受制于其他任何人的意志或权威"的平等权利，洛克所说的平等，就是指权利（包括自由权利）上的平等，人人享有平等的权利。

人类应该追求怎样的自由和平等？按照洛克的思想，可以用两句话来说明：一句是"法律面前人人平等"，另一句是"不受绝对的、任意的权力的约束"。如果不能实现在法律面前人人平等，就必然导致对自由权利的压制；如果出现"绝对的、任意的权力的约束"，就必然导致对平等权利的摧残。在洛克思想里，从法律的意义上而言，自由与平等是一致的，没有对立和冲突，就像同一张纸的两个面。如果有人认为，自由与平等有冲突，或"自由高于平等"，那是与洛克的思想相违背的。

洛克所建立的民主政治理论和他所设计的政治体制，正是为了实现这种自由与平等的理想。没有民主理论和民主政体，自由与平等的理想只是空谈。

第四节　洛克设计的民主政体的基本框架

洛克根据自己所创建的理论，试图设计某种良好的政治体制，或者说，要对"安排和明确谁享有权力的方法"提出若干建议，以便让人们"自由地选择他们的统治者和政府形式"。

所谓政治体制，主要是指政治权力的结构和形式，虽然洛克认为"随着各国习惯和组织的不同而互有差别，要把它们一一细述是不可能的"，而且洛克也没有提出某种固定的模式，但是，从洛克的论述中可以看出，他提出了一个具有原则性的框架。

任何政体都涉及以下问题：有哪些政治权力？政治权力如何产生？各种政治权力按何种关系形成某种政治结构？这些权力按何种方式行使？从洛克的论述中可以看到，他认为，一个国家的政治权力包括"人民的权力"

和"政府的统治权"，政府的统治权主要包括立法权、执行权（还有对外权、军事权等）。他提出，人民通过定期的自由选举的方式行使"人民的权力"，选出若干代表组成议会，议会行使立法权，洛克认为立法权是最高权力，行使执行权的机构或个人受立法机关的统属并对立法机关负责。政府、议会一旦成立，人民的权力仍然保留着但不再行使，由政府统辖和治理国家；议会的成员应规定任职期限并定期改选。洛克的以上这些构想，展现了一个政治体制的基本结构框架，现代民主国家的政治体制，正是在这基础上不断加以改进、充实而形成的。

　　为了进一步了解洛克的构想，有必要着重地引述以下两个方面的有关论述。第一个方面是关于"定期更换政府"。洛克论述道："立法机关或它的任何部分（这应该是指上下两院——笔者注）是由人民选出的代表组成，他们在一定期间充当代表，期满后，仍恢复臣民的普通地位，而除非重新当选，就不能参与立法机关，那么，这种选举权也必须由人民在指定的时间或当他们被召集参加选举立法机关时行使"（《政府论》第十三章），他认为："如果在有些政府中，立法权属于一个经常存在的议会（指不改选的议会——笔者注），或如同在专制君主国那样归一个人掌握，这样就会有危险。他们会认为自己具有不同于社会其余成员的利益，因而会随意向人民夺取，以增加他们的财富和权势"（《政府论》第十一章）。所以，在他的构想中，议会应该定期改选，或者说，他主张定期更换统治者和政府。洛克关于政治体制的这一构想，具有里程碑意义，它指明了一条最能有效地限制政府权力的途径，那就是确立并行使"人民的权力"，那就是进行定期选举，按照法定程序把分散的人民动员起来，组织起来，行使"人民的权力"，这是制约政府的最巨大的力量。"法治"和"分权"，当然也是制约政府权力的重要途径，但定期选举、定期更换政府，是最有效的途径。

　　第二个方面是关于"分权"、"限权"。他写道："如果同一批人同时拥有制定和执行法律的权力，这就会给人们的弱点以绝大诱惑，使他们动辄要攫取权力，借以使他们免于服从他们所制定的法律，并且在制定和执行法律时，使法律适合于他们自己的私人利益，因而他们就与社会的其余成员有不相同的利益，违反了社会和政府的目的。……所以，立法权和执行权往往是分开的。"他又写道："立法权和执行权分属于不同的人"，接着特别指出："一切有节制的君主国家和组织良好的政府中都如此"（《政府论》下篇第十二章）。

　　"定期更换政府"及"分权制"，是洛克设计政治体制时十分注重的两个方面，其目的，明显是为了制约政府的统治权，防止和制止政府滥用职权，不过二者有所不同。"分权制"体现的是政府内部各种权力之间的相互制约，而"定期更换政府"是由政府外部的权力来制约政府，即由"人民的权力"来制约政府权力，因而是最有力、最有效地制约政府的政治安排，如果对于"人民的权力"有任何的轻视、漠视，就很难相信他还是一个现代民主的信奉者。那些有意无意地回避"人民的权力"、有意无意架空"人民的权力"的做派，应该引起人们的警惕，因为它使民主变成了空话，人民追求自由、平等的理想就成了幻想。

第五节　洛克理论的不足

对于洛克所处的那个时代来说，他的理论是比较激进的。但用现在的眼光来看，从总结历史经验的角度去看，他的理论尚有不足。这主要是指，洛克对于社会的竞争、分化以及导致矛盾冲突的状况没有足够的重视，主要表现在，对于奴隶、穷人、妇女等社会成员的权利没有给予关注。应该说，此乃历史的局限和当时社会实践的局限造成的。

虽然如此，洛克毕竟为后代准备好了精神的物质的武器，那就是现代民主的基本理论和民主政体的基本框架。在这样的基本框架里，被歧视、被压制的人们的抗争，才能最终受到社会各界、特别是有良知的精英们的同情和支持，他们追求平等和自由的理想最终得以实现。想当年，马丁.路德金在华盛顿林肯纪念堂发表的著名演讲"我有一个梦想"时，他说："我梦想有一天，这个国家会站立起来，真正实现其信条"，这信条是什么，就是洛克所说的，"人人生而平等"，"人人生而自由"。

这里还得提一下洛克说的一段话，这段话也许容易被人们忽略，他说："人们参加社会的理由在于保护他们的财产；他们选择一个立法机关并授以权力的目的，是希望由此可以制定法律、树立准则，以保卫一切社会成员的财产，限制社会各部分和各成员的权力并调剂他们之间的统辖权"。请注意，这里提到"社会各部分和各成员的权力"，谈到要"限制权力"，"调剂"权力，这似乎说到了如何解决社会各阶层之间的矛盾，但遗憾的是，洛克并没有在这一点上予以深入阐述。

要建设良好的社会，必须要解决两大问题，一是，如何处理人民与统治者的关系，或者说，如何处理人民的权力与政府的权力的关系。洛克论证了设立政府并授予统治权的必要性，同时又论证了人民必须保持"人民的权力"的必要性，还论证了二者之间的关系。二是，如何处理洛克所说的"社会各部分和各成员的权力"之间的关系，即如何处理各阶层之间以及个人之间的"权力关系"。洛克只是提出了诸如"生而平等"、"生而自由"、"每个人都是独立、自由、平等"这些理念，没有在实践中予以贯彻，在他设计的政治秩序中，大多数社会成员不能享有选举权。所以应该看到洛克政治哲学的局限性，他解决了两大问题的前一个，后一个则有待于进一步积累政治竞争的经验教训，到二十世纪才初步解决，即确立"法律面前人人平等"的原则又制订了相关法律予以落实。民主政治体制，正是在解决改良社会的两大问题的实践中逐步形成和发展起来的，对此，后文将进一步论述。

第六节　纪念洛克的现实意义

长期以来，很多学者都说洛克是自由主义的奠基人，或自由主义宪政的创始人，他们回避将洛克看作为"现代民主的奠基人"这一评价，他们还有意把自由主义和宪政跟民主对立起来，贬低民主，说什么"民主和宪政有张力"，"宪政高于民主"，"自由高于民主"等等；他们回避或者漠视"人民的权力"的提法，就好像洛克从来就没有提出过"人民的权力"似的，或者，好像要人们忘记"人民的权力"似的；他们把古希腊的民主、卢梭的"人民主权"、"单纯的民主"等等，跟洛克的民主理念混在一个蓝子里，根据自己的需要拎出一个加以发挥，把民主、自由、平等、宪政等等概念搅得模糊不清。

所以，很有必要再次温习洛克的著作（特别是《政府论》下卷），再次加深对洛克思想的领会。请再次、仔细地阅读这一著作吧！洛克从著作的标题以及文章的开头就点明了主题："权力的根源在哪里"？文章的大部分篇幅就是论证"权力来源于人民"，以及"统治权"怎样产生于"人民的权力"，直到全文的结尾，还再一次总结性地强调"人民的权力"跟"统治权"的关系，他在"我的结论"中写道："如果社会已把立法权交给由若干人组成的议会，由他们和他们的后继者继续行使，并给议会规定产生后继者的范围和职权，那么，只要政府继续存在，立法权就决不能重归于人民；因为他们既已赋予立法机关以永远继续存在的权力，他们就把自己的政治权力放弃给立法机关，不能自行收回。但是如果他们曾规定他们的立法机关的期限，使任何个人或议会只是暂时地享有这种权力，或如果掌权的人由于滥用职权而丧失权力，那么在丧失权力或规定的期限业已届满的时候，这种权力就重归于社会，人民就有权行使最高权力，并由他们自己继续行使立法权，或建立一个新的政府形式，或在旧的政府形式下把立法权交给他们认为适当的新人"。

洛克所反复论述的这一切，正是现代民主理论的核心内容，只要没有偏见地阅读洛克的原著，将很自然会得出这一结论——洛克是现代民主的奠基人。

为什么要讨论"洛克理论的不足"呢？因为，正是这点不足，后来被法国人卢梭抓住、利用、加以发挥，并且创建出一套伪民主真专制的理论，在诸多基本理念上与洛克针锋相对，高喊"铲除不平等"，主张"遏制私有制"，煽动和迷惑大众，对后代产生了巨大影响，以至人类社会民主化的进程，在进入二十一世纪后，尚处在阻力重重的状态。

洛克的著作流传至今，已有三百多年，却仍然能使当代追求真理者从中得到启示；他的很多话语，虽然说的是逝去久远的事件，却好似在对当今社会现实做出评论和指点，人们不得不惊叹他的思想所及竟是如此深远。

注：本书所举洛克所写的文字，皆摘自商务印书馆出版的、洛克所著《政府论》（下篇）的中译本，由叶启芳和瞿菊农翻译。

第七节　洛克学说对后代的影响

洛克学说的影响非常深远，最直接的是对美国革命和法国大革命的影响。

先简单说说法国的情况。法国哲学家伏尔泰，是启蒙运动的重量级推手。他曾在英国度过三年的流亡生活，他看到那里人门享有思想、言论、出版的自由；他看到那里没有严重的宗教迫害，宗教改革使得信仰界多了些宽容；那里曾绞死过一个国王、又请来了一个国王，而议会拥有的强大权力使得欧洲各国望尘莫及；这里产生过像培根、霍布斯、洛克、牛顿等等这样的大人物；那里没有巴士底监狱，当权者无法不经审判而将人关进大牢……。他把这一切写进"英国通信"，赞美英国，特别推崇英国的自由，痛斥法国的暴君专制，鞭挞法国贵族和祭司阶级搜刮百姓的罪恶行径，呼吁、促进法国的中产阶级起来争取应有的权利和政治地位。

这"英国通信"就如一只巨大的雄鸡为"法国大革命"发出了第一声，还有人曾经这样来评价伏尔泰——"半个法国大革命"。法国大革命推翻了专制统治者，引起世界的震动，伏尔泰为此做出了他人莫及的贡献，他作为洛克学说的信徒，在其身上体现出洛克对法国大革命的影响。不过，法国大革命后期，卢梭学说的信徒罗伯斯比尔掌握大权，进行血腥统治，走向独裁专制，卢梭由此成为"另一半法国大革命"。

关于洛克对美国革命的影响，必须化费更多的篇幅予以论述。如今美国的民主政体，是自美国建国以来经过一系列政治事件或政治改革而逐步形成的，这是一个随着政治竞争的经验积累而逐步深化、改善和成熟的民主化过程，这一过程也体现在美国宪法的制定及多次修改之中。所谓"民主化"，指的是由非民主政体经过一系列政治改革逐步呈现民主政体之特征，最后建立比较成熟的民主政体的过程。所谓民主政体的显著特征是：其一，确立了"人民的权力"，其二，确立了"法律面前人人平等"原则。下面，将按照这样的思路来简述美国二百多年来的民主化进程。

1776 年 7 月 4 日，美洲十三个英属殖民地出席"大陆会议"的代表共同签署的《独立宣言》问世，在"前言"中这样写道："我们认为下面这些真理是不言而喻的：造物者创造了平等的个人，并赋予他们若干不可剥夺的权利，其中包括生命权、自由权和追求幸福的权利。为了保障这些权利，人们才在他们之间建立政府，而政府之正当权力，则来自被统治者的同意。任何形式的政府，只要破坏上述目的，人民就有权利改变或废除它，并建立新政府；……当政府一贯滥用职权、强取豪夺，一成不变地追逐这一目标，足以证明它旨在把人民置于绝对专制统治之下时，那么，人民就有权利，也有义务推翻这个政府，并为他们未来的安全建立新的保障"。

这段文字几乎是摘录了洛克在《政府论》中的若干论述，跟现在已经得到普遍认同的民主理念是相符合的，例如，"人生而平等、生而自由"的理念、人权的理念，政府由人民建立、政府的权力来自人民、成立政府的目的是为了保护人权的理念，政府违背和破坏这一目的，人民有权推翻它，等等。接着，在1789年正式通过的美国宪法中，也体现了洛克关于政府基本框架的设想，如代议制、政府领导人由选举产生的制度、政府权力分立的制度，等等。《独立宣言》和1789年宪法，反映了洛克对美国革命的、直接的影响，并为美国的民主化打下了基础。

但在美国建国以后相当长的时期内，美国社会的政治状况表明了一个不可否认的事实：一方面，妇女和黑人以及穷人不准享有政治权利，妇女应该占总人口的一半左右，所以，可以说当时美国社会中大部分人被剥夺了政治自由权利，处于被歧视、被压制的地位；另一方面，少数人享有政治自由权利并分享着政治权力，凭借这种权力，维护着他们歧视和压制多数人的优势，维护着他们的利益。事实迫使我们不得不承认，当初美国的政治体制不是民主政体，因为建立在权利不平等基础上的、多数人被歧视、被压制的政治秩序不可能被认定为民主政体。

实际上，美国的建国元勋们也否认他们建立的是民主政体，而称之为"共和政体"。不过从长远的历史进程来看，应该认定美国建国初期为今后的民主化打下了基础，特别是指洛克所创导的理念已经在众多美国人、特别是精英阶层中扎下了根，正是这些理念引导着美国人民持续行进在民主化的道路上。

美国自建国以来的二百多年中，发生了多次政治改革，其间充满"推进民主化"与"阻挡民主化"两种势力的激烈较量（甚至爆发了四、五年的内战），才逐步建成现今比较成熟的民主政体，美国一次又一次对宪法的修改，反映了这一历程。

1865 年 12 月第十三修正案生效，废除奴隶制："在合众国境内受合众国管辖的任何地方，奴隶制和强制劳役都不得存在，但作为对于依法判罪的人的犯罪的惩罚除外"。

1868 年第十四条修正案正式生效，人类历史上首次以宪法条文明白无误地宣告"法律面前人人平等"原则，其第一款："所有在合众国出生和归化合众国并受其管辖的人，都是合众国的他们居住州的公民。任何一州，都不得制定或实施限制合众国公民的特权或豁免权的法律；不经正当法律程序，不得剥夺任何人的生命、自由或财产；在州管辖范围内，也不得拒绝给于任何人以平等法律保护"。

1870 年 3 月第十五修正案生效，其第一款："合众国公民的投票权，不得因种族、肤色或曾被强迫服劳役而被合众国或任何一州加以剥夺和限制"。

1913 年 4 月 8 日第十七修正案生效：联邦参议员需

由公民进行直接选举产生，取代了原宪法第一条第三款中"合众国参议院由每州州议会选举的两名参议员组成"的规定。

1920 年 8 月 18 日第十九修正案生效："合众国或任何一州不得因性别而否认或剥夺合众国公民的选举权"。

1964 年 1 月 23 日第二十四修正案生效："合众国公民在总统或副总统、总统或副总统选举人、或国会参议员或众议员的任何初选或其他选举中的选举权，不得因未交任何人头税或其他税而被合众国或任何一州加以拒绝或限制。"（此前，有些州以人头税或读写测试等规定来限制黑人或穷人的选举权）。

人们可以清楚地看到，随着美国宪法一次又一次的修改，民主化就一步又一步地向前推进。奴隶解放，奴隶应享有选举权，妇女应享有选举权，法律保护所有公民的应有权利，全国各州不得对公民权利加以拒绝和限制，，在这一过程中，突显出两条同时并进的线索——其一，逐步确立和落实"法律面前人人平等"的原则，其二，逐步改变以往少数人参与选举、分享权力的状况，所有公民都能按照法律规定的程序参与选举、分享权力，由此确立了"人民的权力"。建国元勋们承认"权力来自于人民"，但是他们把黑人、女人和穷人等等排除在"人民"以外，实际上变成"权力来自于少数人"，而如今洛克所说的"人民的权力"以及"权力来自于人民"都名副其实地确立在美国的政治生活中。

上文说到"推进民主化"与"阻挡民主化"两种势力的较量,并不是说当时有人公开声称要"推进民主化"或有人声称要"阻挡民主化",这只是在民主化达到较成熟的阶段回顾历史时所用的说法。美国建国初期及以后相当长的时期里,民主曾被看作是"暴民统治",而在二十世纪,美国人把自己国家的政治体制命名为"民主"。因为,"民主"字面上的意思就是"人民的权力"(或"人民统治"),美国人认为使用这个词语来命名他们的政治体制是十分适宜的。由此,现代民主就成为政治演变的一大潮流,正如英国学者安德鲁·海伍德在其著作《政治学》中所说:"众多的政治家和政治思想家转归于民主事业麾下,……今天,我们都是民主派了。自由主义者、保守主义者、社会主义者、共产主义者、无政府主义者甚至法西斯主义者都急切地赞颂民主制的优点,表明自己是民主的信徒"。

这是一个巨大的改变,回顾历史,用现在的观念去追述历史,人们把这一改变的过程称之为民主化过程,当然是合乎事实和逻辑的。

上文说到,要建设良好的社会,必须要解决两大问题,一是,如何处理人民与统治者的关系,或者说,如何处理人民的权力与政府的权力的关系。二是,如何处理洛克所说的"社会各部分和各成员的权力"之间的关系,即如何处理各阶层之间以及个人之间的"权力关系"。洛克学说对美国革命产生直接影响,美国人遵循他的学说,并且用他们的实践经验加以充实,初步解决了第一个问题，为以后的民主化打下了坚实的基础。而后美国人又以自己的实践补充、发展了洛克的学说，为解决第二个问题提供了成功的经验，即确立并落实"法律面前人人平等"的原则，尽管离开全面贯彻、落实这一原则还有很长的距离，但至少已经筑好了坚实的基础。

第二章 卢梭的政治哲学

英国哲学家罗素在《西方哲学史》（１９５０年）一书中写下了下面一段话：卢梭"是那种与传统君主专制相反的伪民主独裁的政治哲学的发明人。从卢梭时代以来，自认为是改革家的人向来分成两派，即追随他的人和追随洛克的人。有时候两派是合作的，许多人便看不出其中有任何不相容的地方。但是逐渐他们不相容日益明显起来了。在现时，希特勒是卢梭的结果；罗斯福和丘吉尔是洛克的结果"。

罗素说这话有依据吗？让我们翻开洛克和卢梭的著作来仔细研读一番，寻找为什么许多人"看不出任何不相容之处"的原由，要寻找为什么追随者"分成两派"的原由，更要寻找为什么说卢梭哲学是"伪民主独裁的政治哲学"的依据。如果人们想要真正看透卢梭的政治哲学，这是一条必经之路。

第一节 洛克与卢梭的论述有相似之处

洛克写道："政府是由人民的同意而建立的"（《政府论》下篇第八章）。

洛克写道："政府中行使权力的官员，都是由人民来确定并予以委托的"（第十一章）。

洛克写道:"一切都只是为了公众福利"(第一章),他还写道:"人民的福利是最高的法律"(第十三章)。

洛克写道:"立法权既然只是为某种目的而行使的受委托的权力,当人民发现立法行为与他们的委托相抵触时,人民仍然享有最高的权力来罢免或更换立法机关"(第十三章)。

洛克写道:"人类天生都是自由、平等和独立的"(第八章)。

在卢梭的著作《社会契约论》中,我们可以看到一些表面上与洛克相似的说法。

卢梭写道:"这一由全体个人结合所形成的公共人格……就称之为主权者"(第一卷第六章),这就是后来被许多人称之为"人民主权论"的出处。

卢梭写道:"服从法律的人民就应该是法律的创制作者"(第二卷第六章),他又写道:"立法权是属于人民的,而且只能属于人民。"(第三卷第一章)

卢梭写道:"政府只不过是主权者的执行人",他还写道:政府的权力"那完全是一种委托,是一种任用;在那里,他们仅仅是主权者的官吏,是以主权者的名义行使着主权者所托付给他们的权力,而且只要主权者高兴,他就可以限制、改变和收回这种权力"(第三卷第一章)。

卢梭写道:"唯有公意才能够按照国家创制的目的,即公共幸福,来指导国家的各种力量,……因此,治理社会就应当完全根据这种共同的利益"(第二卷第一章)。

卢梭写道："如果我们探讨，应该成为一切立法体系最终目的的全体最大的幸福究竟是什么，我们便会发现它可以归结为两大主要的目标：即自由与平等"（第二卷第十一章）。

对于洛克和卢梭都激烈反对君主专制这一点，后人几乎没有任何分歧，所以不再引述有关文字。上面引述的文字反映出两人相似之处主要在于：政治权力的目的是为谋公众福利，政治权力由人民授予，政府的官员由人民委任或更换，崇尚自由、平等，等等。不过人们必须注意到，这些不过是人人都会说的空洞语词，而它们所指的实际内涵可以完全不同，譬如他们俩都崇尚自由、平等，但当论述"自由指什么"或"平等指什么"时，他们的论述却完全不同，譬如洛克提出"人民的权力"，卢梭提出"人民主权"，看来相似，实质内容却格格不入，对此，后文将深入论述。如果人们仅仅根据那些空洞的语词就得出结论说他们二位都是民主的先驱，他们的理论都是民主学说，那将误入迷途。

第二节　卢梭与洛克针锋相对

关于洛克与卢梭两人的政治学说中的根本分歧，这里只是先罗列一下卢梭在哪些方面与洛克的针锋相对，此后再根据他们著作中的原话详细地加以比较和分析，

其一，关于个人拥有财产不均等的现象：

洛克认为，人们通过劳动使人类共有的自然资源中

的一部分作为私人财产，这是基于生存的需要；人们通过劳动得到产品，随后通过交换，后来又借助货币的流通，增加并积累了财产，产生了个人占有财产不均等的状况，只要不侵害他人，其他人是默认和同意的，社会应制定法律规定财产的合法占有以及如何保护合法占有不受他人侵害。卢梭认为，资源是公共所有的，私人财产的占有给人类带来了罪祸，富人的财产通过罪恶得来，财产的不平等占有导致灾祸和混乱，虽然不可能消除个人财产所有，但法律应该确立财产的公共所有权，并以最狭隘的界限规定个人的财产，使人人平等，并制止有人发财致富。

其二，关于人们组成政治社会的原由：

洛克认为，人们是出于保护自己以及自由、财产的动机，自愿地通过相互协议而结合，自由地选择他们的统治者和政府形式，就这样组成了政治社会。卢梭认为，所谓自愿结合的动机，没有共同利益，没有团结的纽带，每个人只想着自己，这样的结合是骗人的结合，只能是人类社会的罪恶与苦难的源泉。卢梭认为政治和法律的起源，在于富人强者的发明，他们的目的是维护掠夺得来的财产和权利，并对穷人弱者套上枷锁。

其三，关于什么是良好的社会：

洛克认为，组织社会，建立国家和政府的目的是保护社会成员个人的财产、生命和安全，良好的社会及其制度，就是能切实保护个人的财产、生命和安全的制度；卢梭认为，剥夺个人的绝对生存的制度是最好的社会制度，社会成员必须把个人的一切，包括财产、权利和生命，都交给社会共同体并由其支配，共同体保证对每个成员平等对待，超出生存需要的财产不但不给以保护，而且要加以剥夺，否则共同体将会趋于涣散或陷于分裂。

其四，关于怎样看待社会是一个整体：

洛克认为，人们组成的社会是一个整体，但这整体是由持不同利益和不同意见的人们组成的，这个整体是按照多数原则做出全体共同遵循的决定而形成的；卢梭认为，这个整体必须由有着完全一致的共同利益的人们组成，这是一个不可分割也决不允许分割的整体，这个整体是靠全体一致地服从"公意"结合而成的。

其五，关于公共意志：

洛克认为，社会必须有统一的意志（或称公众意志、社会意志等），这意志是通过大多数人的意见或意志表达出来的，是通过不同意见的争议、商议而后按多数决定原则决议而产生的。卢梭认为，公意（或称公共意志、共同体的意志等）是所有社会成员共同的完全一致的意志，全体成员必须服从公意的绝对权威，不允许对公意志存有异见，反对公意的人不再是这个社会的成员，或驱逐或处以死刑。人民是愚昧的、盲目的，看不到自己长远的、根本的利益所在，因而缺乏判断公意的能力，人民只有依靠非凡的最高智慧的教导才能勉强认识什么是公意。

其六，关于绝对权力：

洛克激烈反对绝对权力，他所说的绝对权力是指不受法律约束的个人或少数人拥有的权力，洛克认为，如果存在这种绝对权力，社会就难以维系，人民有权不服从并推翻它。卢梭认为，共同体必须有绝对权力，否则社会公约就是一纸空文，他说的绝对权力就是主权，他又说主权就是公意，或说主权就是公意的运用，或说主权的行为就是公意的行为，由此，卢梭把绝对权威归结为他所谓的"公意"，由卢梭这个"最高智慧"向人民昭示的"公意"拥有绝对权力，谁反对卢梭的"公意"，就要"迫使他服从"。

其七，关于自由与服从的关系：

洛克认为，自由与服从是相对的，法律规定哪些是不允许的、应受惩罚的行为，每个人必须服从法律，自由是指人们在法律规定不允许的行为以外有权做自己想做的事情之权利。卢梭认为，自由与服从是一致的，自由即服从自己，因为公意也就是每个人自己的意志，所以服从公意就是服从自己，也就是自由，不服从公意者要迫使他自由，否则将失去自由。

其八，关于公众福利：

洛克认为，公众的福利就是社会全体成员个人利益的总和或集合，公众的利益是大多数人认同的利益。卢梭认为，公众的福利不仅仅是个人利益的总和，而是大于这总和，公众福利不建立在个人利益的基础之上，公众福利只存在于不可分割的共同体之中，公众福利是个人利益的源泉，只有首先保证公众福利才能保证每个人的利益，而每个人的满足就达到了"全体的最大幸福"。

其九，关于平等：

洛克认为平等是指"权利的平等"，卢梭认为人们结合成为共同体时必须在"条件上人人平等"，这个条件就是每个人把自身的一切贡献给共同体，然后由共同体平等地分配权利。

其十，洛克认为，必须把社会和政府（或者说国家）区分开来，社会或人民对于政府或国家始终保留着自己最高的权力。卢梭认为，社会、人民、共同体、主权者、国家等都是同一个事物，只是从不同的角度去论述时用不同的名称，它们都是一个"公共人格"，一个"思维的存在"。

除上述以外，两人的观点当然还有不同之处，不再一一列举。这里举出的十个方面，虽然难免不够完整，但可以从中看出，卢梭在很多基本而重要的观点上跟洛克针锋相对，而正是这些针锋相对，导致在现代政治演变的过程中分出民主及伪民主的两大潮流。

第三节　卢梭与洛克针锋相对论财产权

财产权是最基本的人权，没有财产的人很难在社会中谋求生存和发展，也很难维护以至丧失其应有权利，而政治的目的、功能，主要的就是维护每个社会成员的应有权利，政治理论必定涉及到财产权问题。在财产权问题上的观点分歧，也会引伸扩大为政治理论的分歧。

洛克和卢梭都重视财产权问题，在各自的著作《政府论》和《社会契约论》中专列一章予以论述，在其它著作中也有论述。卢梭与洛克在财产权问题上的针锋相对，主要反映在以下几个方面：一是，关于私有财产的产生及其意义；二是，关于私有财产的幅度；三是，关于货币出现以后的情况。

其一，关于私有财产的产生及其意义。

在论述私有财产权时，一开头洛克就说道："我将设法说明，在上帝给予人类为人类所共有的东西之中，人们如何能使其中某些部分成为他们的财产，并且这还不必经过全体世人的明确协议"。他认为，最初，自然界的果实和动物当然是人类共有的，它们被人类用来满足生存的需要，接着他写道："既然是给人类使用的，那就必然要通过某种拨归私用的方式"，而劳动就是这种"拨归私用的方式"。采集果实或捕猎动物的行为就是劳动，这种劳动动用的是自己的身体，消耗的是自己的能量，所以洛克写道："劳动是劳动者的无可争议的所有物"，对于本来处于自然状态的果实和猎物来说，人通过劳动，"在这上面参加他自己所有的某些东西，因而使它们成为他的财产"，同时也"排斥了其它人的共同权利"，"这样，它们就成为他的私有权利了"。

洛克又谈到土地："对土地的所有权也是和前者一样取得的"，谁"对土地的任何部分加以开拓、耕耘和播种，他就在上面增加了原来属于他所有的东西，这种所有物是旁人无权要求的，如果加以夺取，就不得不造成损害。"洛克还特别强调："这种开垦任何一块土地而把它据为己有的行为，也并不损及任何旁人的利益，因为还剩有足够的同样好的土地，比尚未取得土地的人所能利用的还要多。"洛克还认为："劳动的财产权应该胜过土地的公有状态"，因为"一个人基于他的劳动把土地划归私用，并不减少而是增加人类的共同积累"，"居民们还认为他们得到了他的好处，因为他在未开垦的因而是荒芜的土地上所化的劳动增加了他们所需要的粮食"。

洛克的论述使人们理解到，私有财产的产生，出于人类生存的需要，不但不会损害他人而且对人类有利，人的劳动以及伴随着的财产私人占有，为人类这个物种进一步谋求生存和发展奠定了基础，为人类文明进步和生活改善奠定了基础。或许还可以这么说，人类所拥有的很多美好的东西也正是在这个基础上发展起来的；他的描述鲜明地区分两种人类的行为：一是通过劳动拥有私有财产的行为，这是良善的行为；二是谋取他人的劳动成果而据为己有的行为，就如洛克所说："不得不造成损害"，这是罪恶的行为。私有财产本身不是恶，但是如何获得财产有善恶之分。

再看卢梭怎么说。在《论人类不平等的起源和基础》中，他描述了社会的众多罪恶以后，接着写道："这一切灾祸，都是私有财产的第一个后果，同时也是新产生的不平等的必然产物"。他又写道："谁把第一块土地圈起来并想到说：这是我的，而且找到一些头脑简单的人居然相信了他的话，谁就是文明社会的真正奠基者。

假如有人拔掉木桩或者填平沟壕，并向他的同类大声疾呼："不要听信这个骗子的话，如果你们忘记土地的果实是大家所有的，土地是不属于任何人的，那你们就要遭殃了！'，这个人该会使人类免去多少罪行、战争与杀害，免去多少苦难和恐怖啊！"。

按洛克的观点，开拓者立桩、挖沟、圈地，是他应有的权利，"是旁人无权要求的"，拔桩、填壕的行为，则是"造成侵害"的罪恶行径。而卢梭与之针锋相对，把那个开拓者骂作"骗子"，指责他是让人类遭受罪恶和苦难的始作俑者，却把张口骂人、动手拔桩填壕的人，形容为让人类免去罪恶和苦难的大功臣。洛克认为，"劳动的财产权应该胜过土地的公有状态"，它"增加人类的共同积累"，卢梭却说，把大家共有的土地占为私有财产，给人类带来了"罪行、战争与杀害"。

其二，关于私有财产的幅度：

洛克写道："我将设法说明，在上帝给予人类所公有的东西之中，人们如何能使其中的某些部分成为他们的财产，并且这还不必经过全体世人的明确协议"，这话不但指私有财产的产生，而且指私有财产的不等同占有，"私有财产的幅度"，指的就是不等同占有的幅度。洛克写道：在最初，"财产的幅度是自然根据人类的劳动和生活所需的范围而很好规定的"，而"这一幅度确将每个人的私有财产限制在适当的范围之内，使他可能占有的财产不致损害别人。"

所谓"自然规定的范围"，"自然"规定大概有两层意思，一是相对于法律规定而言的，当初没有也不可能有法律的规定，只能是"自然的"规定，或者说是得到人们默认和同意的规定，这一点很重要，"人们的默认和同意"就相当于法律，就是指认其合理合法，它发挥着群体共同生活的规则的作用；二是相对于尚未出现货币的情况而言的，那时候，一个人占有财产的幅度只限于满足"自然的"生活需要，不可能像货币出现以后那样去积累财产。

那么，为什么在自然规定的范围内，个人"可能占有的财产不致损害别人"呢？洛克解释说，如果有人占有更多的土地，而那些土地本来是可以供别人为生活之所需去占有的；或者有人任凭土地的作物败坏和腐烂，而这些作物本来可以供其他人满足生活之所需，那么，他的财产占有就是超出了自然规定的范围。洛克写道："超过他的必要用途和可能提供给他的生活所需的限度时，他就不再享有权利。"非但如此，而且是"剥夺了他人的权利"，就是"侵害了他人"，这种行为将得不到人们的同意或默认。如果占有的财产不超出自然规定的范围，也就是限制在"生活之所需"的范围，则"可能占有"比他人更多的财产，"不致损害别人"，并得到人们的同意或默认。

接着，洛克进一步解释，私有财产不等同占有的情况是怎么产生的。他说，"财产的幅度是自然根据人类的劳动和生活所需的范围而很好规定的"，但由于"劳动和生活所需"这二者都没有划一标准,对于不同情况、不同的人来说，有"不同程度的劳动"以及"不同程度的生活所需"的区别，这就必定导致人们占有的财产是不均等的。他写道："当发明和技能改善了生活的种种便利条件的时候，他用来维持自己的生存或享受的大部分东西完全是他自己的，并不与他人共有"。洛克在这里谈到的"发明和技能"和"生存或享受"，对应着上文所说的"劳动和生活所需"。"发明和技能"是指劳动，"生存和享受"是指生活所需。洛克认为劳动有强度和效率、体力和智力的区分，他称之为"不同程度的劳动"；"生活所需"既包括"生存所需"还包括"享受所需"，生存所需对每个人来说可能相差无几，但享受所需则因人而异或视情况而有变化，且有相当大的差别；所以不但有"不同程度的劳动"，而且有"不同程度的生活所需"，不同程度的劳动在不同程度上改善了生活，也产生了不同程度的生活所需。麦子、玉米、土豆、稻米、面包、蛋糕、面条、烙饼、水果、干果、果酱、果汁、酒等等生活食用品，都是不同程度劳动的成果，于是，很自然的，人们对食品可以有不同的选择和不同的需要，因而也不同程度地改善了生活。这些适合于不同选择和需要的、不同程度的劳动成果，在物物交换的过程中，就显现出不同的价值。最后，必定出现这种状况——洛克这样写道："不同程度的劳动会给人们以不同数量的财产"。

　　总之，在洛克看来，在通过法律作出规定以前，人们拥有不同数量私有财产的幅度，是根据"劳动和生活所需"而自然地规定着的，在这范围以内，不致侵害他人，故而得到人们的默认和同意。而造成私有财产数量不同的主要原因是"不同程度的劳动"。

卢梭怎么说？在《论人类不平等的起源和基础》一文中，他写道："即使那些全凭自己的勤劳而致富的人们，也几乎不能为他们的财产所有权找到很好的根据。他们尽管说：'这道墙是我修建的，这块土地是凭我的劳动得来的。'人们可以反问：'请问，你占地的界限是谁指定的呢？我们并没有强使你劳动，你凭什么要我们来负担你劳动的报酬呢？有无数同胞，因为缺乏你拥有的过多的东西而死亡、而受苦，难道你不知道吗？在人类公有的生活资料中，你把超过维持你自己的生存所需要的部分据为己有，就应该取得全人类明示的和一致的同意，难道你还不知道吗？'"

卢梭说的"应该取得全人类明示的和一致的同意"这话，显然针对着洛克所说的"不必经过全体世人的明确协议"；同时也使人联想起卢梭说过的，关于在"第一块土地"上打桩挖沟的"那个骗子"的话，那段话所针对的，是洛克关于产生私有财产的论点，而这段话针对的，是洛克关于私有财产不等同占有的论点。卢梭明确提出，哪怕这财产是"凭我的劳动"而得来的，也不能予以肯定或承认。他的理由之一是：有人拥有"过多的东西"即拥有"超过生存所需要的部分"，造成了"无数同胞"的受苦和死亡；理由之二则是：土地是公有的，拥有"超过生存所需要"的部分，必须得到全人类的"一致同意"。卢梭在同一篇文章中费了很多笔墨来描述"超过生存之必需"导致财产的不平等占有，而罪恶社会的一切灾祸正是其必然的产物，他写道："自从一个人需要另一个人的帮助的时候起；自从人们觉察到一个人据有两个人食粮的好处的时候起；平等就消失了、私有制就出现了、劳动就成为必要的了、广大的森林就变成了须用人的血汗来灌溉的欣欣向荣的田野；不久，便看到奴役和贫困随着农作物在田野中萌芽和滋长。"这里说的"一个人据有两个人食粮"，就是指"超过生存之必需"，这种需要导致了"奴役和贫困"。

　　卢梭的观点十分明确，他认为私有财产必须限制在"生存之必需"的范围，在这范围内能够维持财产的均等占有；他反对人们占有"超过生存之必需"的财产。卢梭所针对的就是洛克说的那句话："当发明和技能改善了生活的种种便利条件的时候，他用来维持自己的生存或享受的大部分东西完全是他自己的，并不与他人共有"。洛克提到"生存或享受"，人们的劳动不只是为了维持生存，还为了维持享受，而卢梭针锋相对，只允许维持生存，不允许维持享受。卢梭认为，追求享受促使人们竞相追求更多的财产，必然导致罪恶，造成"奴役和贫困"、"死亡和受苦"，哪怕是劳动所得，也决不允许。

　　所以，在卢梭看来，把个人的财产限制在"生存所必需的范围"，是设计政治体制的重要目标；在卢梭看来，洛克要建立的是维护不平等占有财产的政治体制，是导致社会一切灾祸的"骗人的结合"；卢梭设计的政治体制，要所有社会成员上交一切财产和权利，然后由国家按"生存之所需"均等地分配给每一个人，就是说，这种政治体制将"按生存之所需"强制地实施资源的平等分配。

对于"生存之所需"及"享受之所需"抱有怎样的观念和态度，涉及到政治理论的一个基本出发点：如何对待人权。在谋求生存的同时谋求更高的（有差异）的享受，也就是谋求发展，这是天赋人权。只许谋求生存不许谋求享受和发展，这是遏制人权。卢梭所反对的，正是洛克以维护人权为出发点的政治理论，卢梭要创立的正是遏制或剥夺人权的政治理论。到了二十一世纪，还有人喋喋不休地宣扬"人权就是生存权"，这种观点其实并不新鲜，卢梭就是其源头。

其三，关于货币出现以后的情况。

洛克写道："不同程度的劳动会给人们以不同数量的财产，同样的，货币的这一发明给了他们以继续积累和扩大他们的财产的机会。"

这段话的前一半，上文已经讨论过。在"自然规定"的范围内，私有财产虽然有"不同数量"的情况，但相互之间的差距不大，因为没有"积累和扩大的机会"，或者说没有这种需要和可能。货币发明并流通以后，情况变了，洛克写道："货币的使用就是这样流行起来的——这是一种人们可以保存而不至于损坏的、能耐久存放的东西，他们基于同意，用它来交换真正有用的但易于败坏的生活必需品。"从此以后，人们劳动的成果（本来易于败坏）可以换成货币长久保存，而且便于携带，这种好处是任何一个人都明白的，人们可以不受时间和地点的限制，去交换得到自己更加需要或更加满意的生活用品，这不只是有利于改善生活，当人们遇到突发事故而一无所有时，考虑到天灾可能造成的可怕情景时，考虑到因老弱病残而丧失劳动能力时，货币可以储存的优越性就更加明显。这样，货币就成为人们共同的欲求，而且其必然的结果是大大地刺激人们去增加劳动、扩大生产，以产品交换货币并积蓄起来，这就是洛克说的货币给人们以积累和扩大财产的机会，由此，私有财产的差距将逐渐拉大。对于这一变化，有两个问题需要讨论：一是，货币的发明流通及其结果，是否得到了人们的默认和同意，或者相反，是人们相互侵害的结果？二是，对于货币的欲求，使人的需要超出一般性的"生活之所需"范围，人们拥有财产的幅度显然已经不可能"自然地规定"了，那么如何规定呢？

对于第一个问题，洛克写道："假如他愿意将他的干果换取一块其颜色为他喜爱的金属，将他的绵羊换取一些贝壳，或将羊毛换取一块闪烁的卵石或一块钻石，由他终身加以收藏，他并不曾侵犯他人的权利。"洛克肯定，干果及羊毛是劳动的成果，货币的拥有和使用，基于劳动所得交换而来，就不侵害他人。在人口还没有增多，土地还有待开垦的情况下，能被人们所默认和同意，他继续写道："他们通过默许和自愿的同意，找到一种方法，使一个人完全可以占有其产量超过他个人消费量的更多的土地，那个方法就是把剩余产品去交换可以窖藏而不致损害任何人的金银，这些金属在占有人手中不会损坏或败坏。人们之所以能超出社会的范围，不必通过社会契约而这样把物品分成不平等的私有财产，只是由于他们赋予金银一种价值并默认货币的使用。"当然，不能排斥，在人们"占有其产量超过他个人消费量的更多的土地"的过程中，发生过侵害他人的事情，但是，这不是主流，总体而言，人们可以接受洛克的说法。试想，物与物的交换必定是在人们默许和自愿的情况下才能进行，那么同样，货币能够广泛地普遍地流行起来，必定也是得到了人们的默认和同意。我们无法想象，出于损害他人的目的用强制或欺骗的手段，能使货币流行起来；也不能想象，货币一出现马上就促使人们为争夺土地而起纷争，而后又在罪恶和混乱之中继续推动货币的流通；我们只能设想，从物物交换中开始出现货币而后又逐渐流行的漫长岁月里，在那种比较原始的状态下，在还没有建立政府和法律的情况下，这种与每个人的利益息息相关的事物，除非得到普遍的默认和同意，否则是无法流行起来的。

　　再讨论第二个问题。最初，由于人口稀少，大量土地尚未开垦，又由于"自然的规定"而限制着人们对土地的需求，所以总的来说，虽然不能排除侵害他人而掠得财产的情况，但人们对于占有不等私有财产的现象，是默认和同意的，也不存在要确定财产权的问题。但是后来,由于人们扩大生产并开垦超过生活之所需的土地,那么随着人口的逐渐增加,未开垦的土地愈来愈无法满足对于土地的需求,最后没有土地再可开垦了,在这样一种情况下就必然会产生争执和纠纷,奸恶之徒则使用暴力和欺骗等不正当手段来争夺,如何解决这些矛盾呢?如何来确定财产权?洛克多次论述到这个问题,他写道:"由于家庭增多,勤劳又扩大了他们的牲畜,他们的占有随着需要而增大,但是在他们尚未联合起来、共同定居和建成城市之前,他们所利用的土地还属于公有,并未确定任何财产权。后来,基于同意,他们就规定各人领地的界限,约定他们和邻人之间的地界,再以他们内部的法律规定同一社会的人们的财产权",在另一处他又写到:"后来在世界的一些部分(那里由于人口和家畜的增多,以及货币的使用,土地不够了,因而有了一些价值),有些社会确定了各自的地界,又以他们内部的法律规定了它们社会的私人的财产。因而通过契约和协议确定了由劳动和勤劳所开创财产"。他还写到:"政府则以法律规定财产权,土地占有是由成文宪法加以确定的"。洛克在这里反复强调,在同一社会内的社会成员的财产权是这样规定的:"基于同意"和"通过契约和协议",建立政府,制订法律,以"劳动和勤劳所开创"为依据,来规定私有财产权。也就是说,人们通过法律和建立政府来保护"劳动和勤劳所开创"的合法的私有财产,并制止对合法财产加以侵害的行为。洛克就是基于对财产权的这一论述建立起他的政治学说,认为政治社会的起源及其目的是：组成社会的成员为了保护财产和生命的安全这一目的，"基于同意"和"通过契约和协议"，结合组成政治社会，建立国家和政府。

卢梭怎么说？在《论人类不平等的起源和基础》中，他对货币流通以后所出现的状况有一大段的论述，他写到："当不动产在数量和面积上增长到布满了整个地面并都互相毗连起来的时候，一个人只有损害他人才能扩大自己的财产"，于是出现了"富人的豪夺，穷人的抢劫以及一切毫无节制的情欲"，并且"开始了统治和奴役或者暴力和掠夺"，从此以后"堕落而可悲的人类"，"终于使自己走到了毁灭的边缘"，卢梭认为，洛克所说的"由劳动和勤劳所开创财产"是骗人的谎言，只有靠暴力、掠夺才能扩大财产，不平等占有的财产既是罪恶的结果又是罪恶的原因。卢梭基于这种观点建立起他的政治学说，他认为洛克所说社会成员自愿结合组成的政治社会是"骗人的结合"；他认为，政府和法律的起源是：富人、强者为了保护由罪恶而获得的财产，通过操纵和欺骗穷人、弱者，制订了有利于他们的法律，建立起保护他们的政府，而让穷人、弱者永远处于被奴役的地位。

由上可知，卢梭与洛克在财产权方面的论述是针锋相对的，并且由此引伸出两种针锋相对的政治理论。二者针锋相对的主要分歧可以归结为：如何看待私有财产，如何对待超出"生存之所需"的私有财产，或如何对待扩大和积累的私有财产。洛克以为，扩大和积累财产有两种途径，一是通过劳动和勤劳，二是损害他人、抢夺他人劳动成果。卢梭以为，任何人扩大财产必然损害他人，是罪恶的结果，也是造成新罪恶的原因。洛克提出，政治的目的和功能是保护由劳动和勤劳而扩大、积累的财产，剥夺由侵害他人而得来的财产。卢梭提出，政治的目的和功能，是维护平等的私有财产，剥夺超出"生存之所需"的财产，要制定法律把私有财产"限制在最狭隘的界限之内，给它以一种措施、一种规矩、一种羁绊，借以遏制它、指导它并使它始终服从于公共的幸福"（《科西嘉制宪拟议》）；他要制定社会公约，迫使"每个结合者及其自身的一切权利全部都转让给整个的集体"，这"一切权利"包括财产权，"集体的每个成员，在集体形成的那一瞬间，便把当时实际情况下所存在的自己——他本身和他的全部力量，而他享有的财富也构成其中的一部分——献给了集体"，再由国家按"生存之所需"分配给每个人以个人所有。

卢梭说的是"生存之所需"，而洛克说的是"生活之所需（生存和享受）"，值得注意的是，这一区别非同小可，尽管谈的是财产权，实质上却反映出两人在维护人权（特别是谋求发展的权利）方面的不同观念和态度。

每个人都拥有谋求生存的权利，对此，谁也不会反对或否认，而对于谋求发展的权利，则有不同的观点和态度。什么是谋求发展的权利？说得通俗一点，就是谋求成家立业养育儿女的权利，谋求发财或发大财的权利，谋求当官、当大官的权利,谋求权力或更高权力的权利,谋求出名或更大名声的权利,谋求自己的思想、行为及人品受到他人的赞扬、认同、器重、尊重、崇敬、拥戴等等的权利,这都是每个人谋求发展的权利。其中,财产是最基本的必不可少的一项,没有财产,无法维持生存,没有多于"生存之所需"的财产,就无法谋求发展。因此,毋庸置疑,在财产权问题上的观念和态度,决定了在人权问题上的不同观念和态度。按洛克的财产权观念,不但肯定谋求生存的权利,还肯定谋求"享受"、谋求发展、追求幸福的权利。按卢梭的财产权观念,只肯定谋求生存的权利,而否定谋求发展的权利。

另外,值得提醒的是:每个人得到他所谋求的事物,跟拥有谋求的权利是两回事。"谋求"的过程也是竞争的过程,有竞争就有得失、输赢、成败,就会造成有差异的结果,所以,平等地拥有谋求发展的权利,不等于平等地拥有所谋求的事物。不能因为要平等地维护人权,就得让每个人都拥有平等的财产、名声、地位、权力。

第四节　卢梭的"全体一致"与洛克针锋相对

人们或许没有考虑过这样一个问题:必须"全体一致"做出决定,还是遵循"多数原则"做出决定,这涉及到"民主"与"伪民主"两种政治体制。如果是这样,提请人们作如下设想:在实施民主化的国家里,在制定或修改法律、选举总统、选举国会议员等重大国家事务中,如果必须得到"全体一致"的同意,方能得出结果、成为决定,只要有人反对就不能算数,这个国家将面临什么局面?再设想一下,如果在这些重大事务按多数规则做出决定后,有一部分人声称"多数决定"扼杀真理,宣布只有他们代表"人民的真正利益",真理掌握在他们手中,于是拒不承认业已做出的决定,采用各种手段在行动上抵制法律的执行,抵制当选者履行职责,这个国家又将面临何等局面?如果你作了如上设想,那么你一定会同意,"多数决定还是全体一致"这问题,的确涉及到重大国家事务中一个重要的基本规则。

另外要指出的是,如果在"多数决定"还是"全体一致"的问题上,做出清楚明了、非黑即白的取舍,人们还是容易识别的,若是既强调"全体一致",又肯定"多数决定",还在二者的关系上作一番似是而非的论述,人们就难以识别了,而卢梭恰恰正是这么做的,所以有必要揭示卢梭的主张是把"全体一致"放在第一位,而把"多数原则"置于从属其下的地位,这是他与洛克针锋相对的又一个重点。

卢梭在《波兰政府论》第九章中写道:"政治体的形成必须全体一致。"

他在《社会契约论》第一卷中专设一章,叫做"论总需追溯到一个最初的约定",该章只有一页的文字,重点在最后一句:"多数表决的规则,其本身就是一种约定的确立,并且假定至少有过一次的全体一致的同意",为此要专设一章,可见卢梭对此多么重视。

这"最初的约定"或"全体一致的同意"的"约定"是什么呢,在第四卷第二章中他写道:"唯有一种法律,就其本身而言,必须要有全体一致的同意。那就是社会公约。"他接着说;"除去这一原始契约以外,投票的大多数是永远可以约束其他一切人的,这是契约本身的结果。"

正像上文所说,"在二者的关系上作一番似是而非的论述,人们就难以识别了"。卢梭说的"约定"亦即"社会公约",是要确立所谓"公意"之绝对权威的"契约",是规定所有社会成员必须服从"公意"之绝对权威的"契约",这意味着"多数决定"规则必须在"服从'公意'之绝对权威"的前提下才能有效,关于这一点,下面将进一步评述。

卢梭为什么如此重视,专门列出一章,哪怕只是一页文字,也要成为一章,来特别强调:多数规则必需由"全体一致的同意"来确立呢?卢梭这么说的原因是什么?原因在于卢梭不同意洛克有关的论述,卢梭要跟与洛克针锋相对。

洛克是这么论述的,他在《政府论》下卷第八章中写道:"开始组织并实际组成任何政治社会的不过是一些能够服从大多数而进行结合并组成这种社会的自由人的同意。这样,只有这样,才会或才能创立世界上任何合法的政府。"

洛克用了"这样,只有这样"的语句,来强调指出"组成任何政治社会"及"创立世界上任何合法的政府"

的必要前提：一是，参与结合的所有"自由人"的"同意"（一致同意）；二是，所有"自由人"都"能够服从大多数"（多数原则）。这里特别要弄清楚，洛克说的这两个前提，同时存在，相提并论，没有先后，没有主次，不存在由一个前提来"确立"另一个前提的情况。洛克又写道："当每个人和其它人同意建立一个由政府统辖的国家的时候，他们使自己对这个社会的每一个成员负有服从大多数的决定和取决于大多数的义务"，人们承认这一义务，因为这是"自然的、理性的法则"。"全体一致同意"组成社会、建立国家的同时，其中每个人"使自己负有义务"遵循多数原则，因为利益有纷争、意见有分歧的人们只有这样才能"结合"，否则就散伙！洛克明白无误地指出："假使在理性上不承认大多数同意的行动是全体的行动，并对每一个人起约束作用，那么，只有每个人的同意才算是全体的行为；但是要取得这样一种同意几乎是不可能的。如果我们考虑到必然会有许多人因病、因事不能出席公共集会，尽管其人数远不如一个国家成员的总数。此外，意见的分歧和利益的冲突，在各种人的集合体中总是难免的。如果基于这样的条件而进入社会，那就只会像伽图走进戏院那样，一进场就出去。这种组织将会使强大的利维坦比最弱小的生物还短命，使它在出生的这一天就灭亡；除非我们认为理性的动物要求组织成为社会只是为了使它们解体，这是不能想象的事。因为大多数不能替其余的人作出决定，他们便不能作为一个整体而行动，其结果只有立刻解体。"

顺便说一下，很有意思的是，在多数原则这一点上，洛克与霍布士倒是观点一致的，霍布士在《利维坦》一书中写道："他如果是自愿加入这一群人组成的群体，这一行为本身就充分说明了他的意愿，也就是以默认的方式约定要遵守大多数人所规定的事情。"当然，洛克与霍布士的分歧也是明显的：霍布士主张一旦按多数决定推举出最高权威，那么每个个人必须无条件、无保留地绝对服从，洛克认为，人民推举最高权威时是有条件的，人民还保留着某些权利，以防止最高权威违背人民的委托，这一保留也同时意味着对少数意见者权利的维护。

卢梭却跟洛克针锋相对，宣称必须由"社会公约"来确立"多数决定"规则，宣称"社会公约"的订立，是"全体一致"同意的，不根据"多数决定"规则，他为什么提出这种论点？为此，简要提一下"社会公约"的内容。

卢梭在《社会契约论》第一卷第六章中写道：社会公约"这一契约的条款……无疑地也可以全部归结为一句话，那就是：每个结合者及其自身的一切权利全部都转让给整个的集体。"

接着又写道："社会公约可以简化为如下的词句：我们每个人都以其自身及其全部的力量共同置于公意的最高指导之下。"

卢梭说得十分清楚：社会公约规定，所有社会成员必须全体一致、无一例外地服从"公意"这一权威；卢梭说得十分明白："公意"的权威是绝对的，必须全体一致、毫无保留地把身体、生命、一切权利、全部力量奉献给这个权威，听其支配。

由此可知，卢梭所说的"最初的约定"、"原始契约"或"社会公约"，根本不是为了确立多数规则，而是要确立"公意"的绝对权威；不是为了强调多数规则的重要性，而是为了给多数规则"确立"一道规矩：必须服从"公意"的权威，若有违反，即属无效；必须在"公意"的最高指导下实施该规则，才能有效。

既然卢梭的目的是要确立"公意"的绝对权威，必须保证"全体一致的同意"，只能存在唯一的、全体一致的意见，决不允许存在两种或两种以上的意见；如果按洛克所说的"这样，只有这样"地遵循多数规则，就意味着允许存在多种意见，即"多数意见"和若干"少数意见"，那么，卢梭的目的就无法实现，卢梭的政治理论就站不住脚。所以，卢梭必定得跟洛克针锋相对，但他又感到不能从正面评击多数规则，因为正像洛克所说，这是一个"自然的、理性的法则"，卢梭能感觉到这一规则在人们心中的地位，于是，他就采取了既强调"全体一致"，又表面上肯定"多数规则"的办法。

至此，有人会按捺不住大声发问："卢梭明明说过，'投票的大多数是永远可以约束其他一切人的'，难道你不看见！"好吧，就让我们来看看卢梭是怎么论述"投票权"的。

　　卢梭在《社会契约论》第四卷第一章的末尾写道："在主权的一切行为中，仅就投票这一项权利——这是任凭什么都不能剥夺于公民的权利，——我在这里就有很多的意见可写"，于是，他专门设立一章，即第二章《论投票》。

　　卢梭写道："唯有一种法律，就其本性而言，必须要有全体一致的同意；那就是社会公约。"他又写道："除去这一原始的契约而外，投票的大多数是永远可以约束其他一切人的；这是契约本身的结果。但是人们会问：一个人怎么能够是自由的，而又被迫要遵守并不是属于他自己的那些意志呢？反对者怎么能够既是自由的，而又要服从为他们所不曾同意的那些法律呢？我要回答说，这个问题的提法是错误的。公民是同意了一切法律的，即使是那些违反他们的意愿而通过的法律，即使是那些他们若胆敢违犯其中的任何一条都要受到惩罚的法律。国家全体成员的经常意志就是公意；正因为如此，他们才是公民并且是自由的。当人们在大会上提议制定一项法律时，他们向人民所提问的，精确地说，并不是人民究竟是赞成这个提议还是反对这个提议，而是它是不是符合公意；而这个公意也就是他们自己的意志。每个人在投票时都说出了自己对这个问题的意见，于是从票数的计算里就可以得出公意的宣告。因此，与我相反的意见占了上风，那并不证明别的，只是证明我错了，只是证明我所估计是公意的并不是公意。假如我的个别意见居然胜过了公意，那末我就是做了另一桩并非我原来所想要做的事；而在这个时候，我不是自由的了。当然，这要假定公意的一切特征仍然存在于多数之中；假如它在这里也不存在的话，那末无论你赞成哪一边，总归是不再有自由可言的"。要理解卢梭上述这一番论述，恐怕还要加以细致的讨论，不妨可以分几层意思来细细咀嚼。

第一层意思：应该把上述引文的开头与结尾那两句话，联系在一起读，开头是："除去这一原始的契约而外，投票的大多数是永远可以约束其他一切人的；这是契约本身的结果。"结尾为："当然，这要假定公意的一切特征仍然存在于多数之中；假如它在这里也不存在的话，那末无论你赞成哪一边，总归是不再有自由可言的"。开头说的"契约本身的结果"指什么？就是结尾所说的保证了"公意的一切特征仍然存在于多数之中"，亦即保证了多数意见"永远"是符合"公意"的，所以，社会契约决定了"多数决定"的"永远"的有效性。但是，如果没有"这一原始的契约"，那就不能确保"公意的一切特征仍然存在于多数之中"，这样的话，"无论你赞成哪一边，总归是不再有自由可言的"，再谈论什么都已经毫无意义，国家将陷入混乱和战争的状态。简而言之，卢梭的说法就是——只有全体一致同意服从公意的前提之下，才能运用多数原则。

第二层意思：为什么说社会公约"确保了"公意的一切特征仍然存在于多数之中"？因为，社会公约确保了公民全体一致地服从"公意"，而"法律乃是公意的行为"，"法律只不过是公意的正式表示"，所以，服从公意意味着服从法律，"公民是同意了一切法律的"。于是，在大会上讨论一项法律时，对人们加以指导和教育后，大多数公民的投票总会符合"公意"的。

第三层意思：既然按卢梭的说法，"公民是同意了一切法律的"，那么何必还要开大会叫大家投票呢？又为什么会出现多数及少数的不同意见呢？因为，卢梭说："当人们在大会上提议制定一项法律时，他们向人民所提问的，精确地说，并不是人民究竟是赞成这个提议还是反对这个提议，而是它是不是符合公意"。卢梭认为，公民不需对法律提案的内容加以细察、研究，只需作一个"估计"，估计它是否符合公意。所以，出现多数及少数的不同意见，不是对法律提案有不同意见，而是因为这种"估计"有误差。公民按投票结果（从中得出公意的宣告）可以检验自己：我的投票符合公意吗？"我所估计是公意的"是不是公意呢？如果"与我相反的意见占了上风，那并不证明别的，只是证明我错了，只是证明我所估计是公意的并不是公意"。"估计"错了的公民认识到自己错误，那也就受到了教育，还会感到庆幸，庆幸自己的错误估计没有占上风。对于公民们来说，参加大会，不是要他们讨论提案的内容，而是来接受教育并认识公意。

从以上所分析的几层意思中，人们可以看到以下几点：首先，卢梭说"大多数可以永远约束其他一切人"，是因为他认为"公意的特征存在于多数之中"，而这又是契约所决定的结果，是由契约确保的结果。其次，卢梭所说的多数与少数之间不存在赞同和反对法律提案的分歧，只是对"是否符合公意的估计"有误差。再次，卢梭说的"投票权"，只是公民"接受教育、认识公意"的权利，是不允许对提案内容有独立思考的权利，根本不是公民自由发表意见的权利。

第五节　　卢梭与洛克针锋相对论自由、平等

先谈及两人的自由观。

卢梭写道："社会公约一旦遭到破坏，每个人就立刻恢复了他原来的权利，并在丧失约定的自由时，就又重新获得了他为了约定的自由而放弃的自己的天然的自由"（《社会契约论》第一卷第六章），又写道："人类由于社会契约丧失的，乃是他的天然的自由以及对于他所企图的和所能得到的一切东西的那种无限权利；而他获得的，乃是社会的自由以及对于他所享有的一切东西的所有权。为了权衡得失时不致发生错误，我们必须很好地区别仅仅以个人的力量为其界限的自然的自由，与被公意所约束着的社会的自由。"（《社会契约论》第一卷第八章）

卢梭提到两种自由，即自然的自由（天然的自由）和社会的自由（约定的自由）。自然的自由是指"所企图和所能得到一切东西的无限权利"，不受约束和限制，而社会的自由是指"被公意所约束的自由"，简而言之，

卢梭认为有两种自由，即"没有约束的自由"（自然的自由）和"被约束的自由"（社会的自由）。而且，这两种自由是"非此即彼"的，享有"社会的自由"时即丧失了"自然的自由"，丧失"社会的自由"时即得到了"自然的自由"。

所以卢梭会这样说："自由的人民啊，请你们记住这条真理：人们可以争取自由，但却永远不能恢复自由"（《社会契约论》第二卷第八章）。他说的"永远不能恢复"的自由，指"自然的自由"（没有约束的自由），而"可以争取"的自由，则指"社会的自由"（被约束的自由）。在卢梭看来，自从组成社会以来，人类只能争取"被约束的自由"。这句话中前后两个"自由"在字面上同一，但却指相反的意思，卢梭经常用这种手法来迷惑读者，有人说这是"辩证法"，其实是诡辩。

洛克在《政府论》下篇第六章中写道：自由"是在他所受约束的法律许可范围内，随其所欲地处置或安排他的人生、行动、财富和他的全部财产的那种自由"，他还写道："人的自然自由，就是不受人间任何上级权力的约束，不处在人们的意志或立法权之下，只以自然法作为他的准绳。处在社会中的人的自由，就是除经人们同意在国家内所建立的立法权以外，不受其他任何立法权的支配；除了立法机关根据对它的委托所制定的法律以外，不受任何意志的统辖或任何法律的约束。"

比较一下洛克和卢梭的自由观。洛克谈到"自然的自由"和"社会的自由"，但他说此二者有共同点，即都是以法律为准绳的，都是指"随己之愿而行事"的权利，都是"不受其他约束"的权利；他说此二者的区别在于，一个以自然法为准绳，另一个以国家法为准绳。所以在洛克那里，不存在"没有约束的自由"和"被约束的自由"的说法。卢梭说的"自然的自由"和"社会的自由"，二者没有共同点，而且是"非此即彼"，他只强调此二者的区别：他说的"自然的自由"，是要得到一切、不受约束的自由，而"社会的自由"则是"被约束的自由"。洛克说的"自由"只有一种，而且以一贯之。卢梭说的"自由"有两种，二者非此即彼，而且声称，人们永远也不能再有自然的自由（没有约束的自由），只能有社会的自由（被约束的自由），正是在·这种自由观的基础上，卢梭进一步论证他的政治理论，后文将继续论述。

再谈及两人的平等观。

洛克在《政府论》下篇第六章写道："虽然我在前面说过，所有人都是平等的，却不能认为我所说的包括所有的各种各样的平等。年龄或德行可以给一些人以正当的优先地位。高超的才能和特长可以使另一些人位于一般水平之上。出生可以使一些人，关系或利益使另一些人，尊敬那些由于自然，恩义或其他方面的原因应予尊敬的人们。凡此种种都与所有人们现在所处的有关管辖或统治的主从方面的平等相一致的。这就是与本文有关的那种平等，即每一个人对其天然的自由所享有的平等权利，不受制于其他任何人的意志和权威。"

　　洛克主张的"平等"，是指"权利的平等"，并不指财产、地位、名声等的平等，人们占有的资源不可能是平等的。上文提到，他在论财产权一章中论证，导致私人占有资源不平等的原因有两种，一是因为，人们付出的"勤劳和智慧"有差异，人们的"生活需要"有差异；二是有人用侵害他人、掠夺他人资源的手段而占为己有，对前者应该加以保护，对后者应该加以制止，这也就是人们设立政府、制订法律的原因。

　　看看卢梭在《论人类不平等的起源和基础》中是怎么说的。有一段文字许多学者经常引用，卢梭写道："平等就消失了、私有制就出现了、劳动就成为必要的了、广大的森林就变成了须用人的血汗来灌溉的欣欣向荣的田野；不久，便看到奴役和贫困随着农作物在田野中萌芽和滋长。"这是说，私有制和不平等，或者说私有财产的不平等，是导致奴役和贫困的原因。

　　卢梭坚持认为，"一个人只有损害他人才能扩大自己的财产"，不但富人是这样，穷人也是这样，他接着说："从此，由于富人和穷人彼此之间不同的性格，开始产生了统治和奴役或者暴力和掠夺"，又写道："富人的豪夺、穷人的抢劫以及一切人毫无节制的情欲，扼杀了自然怜悯心和还很微弱的公正的声音，于是使人变得吝啬、贪婪和邪恶"，"平等一被破坏，继之而来的就是最可怕的混乱"，"社会让位于最可怕的战争状态；堕落而悲惨的人类……终于使自己走到了毁灭的边缘"，最后卢梭总结说道："这一切灾祸，都是私有财产的第一个后果，同时也是新产生的不平等的必然产物"。卢梭不但认为私有财产的不平等是导致罪恶的原因，而且还认为私有财产的不平等是罪恶导致的结果。

由此，卢梭学说的基本点就是铲除不平等、实现人人平等。他写道："首先的而且最大的公共利益，永远是正义。大家都要求条件应该人人平等，而正义也就不外是这种平等。"（《山中书简》第9书）他还写道："如果我们探讨，应该成为一切立法体系的目的的全体最大的幸福究竟是什么，我们便会发现它可以归结为两大主要的目标：即自由与平等。自由，是因为一切人的依附都要削弱国家共同体中同样大的一部分力量；平等，是因为没有它，自由便不能存在"（《社会契约论》第二卷第十一章），卢梭写道："我们制度之下的根本大法应该是平等。"（《科西嘉制宪拟议》）

卢梭所言的平等究竟指什么？注意这句话："大家都要求条件应该人人平等，而正义也就不外是这种平等"，这"条件"指什么？

他在《社会契约论》第一卷第六章写道：社会公约的"这些条款无疑地也可以全部归结为一句话，那就是：每个结合者及其自身的一切权利全部都转让给整个的集体。至于这样做的原因，首先，每个人都把自己全部地奉献出来，所以对于所有的人条件都是同等的，而条件对于所有的人既都是同等的，便没有人想要使它成为别人的负担了"。在第二卷第四章中又写道："社会公约在公民之间确立了这样一种平等，以致他们大家全都遵守同样的条件并且全都应该享有同样的权利"。可知卢梭的平等首先是指参与结合时的"条件的平等"——每个人必须都把自己的全部奉献出来，或者说是指"全部贡献以后"形成的平等状态。洛克所说的平等是权利的平等，而卢梭的平等强调首先是条件的平等，然后再由共同体给人们分配平等的权利。

由上可见，洛克和卢梭有关自由与平等的观念的分歧是十分明显和严重的，记住这一点十分重要，因为这导致他们建立起不同的政治哲学，设计出不同的政治体制。

第六节　卢梭的"公意"理论

卢梭的公意（公共意志），不只是字面上所指的意思，而是由卢梭独创的一个概念。他在《日内瓦手稿》中写道："正像在人的构成方面，灵魂对于身体的作用问题乃是哲学的尖端；同样在国家的构成方面，公意对于公共力量的作用问题则是政治学的尖端"，他视公意为"国家的灵魂"、"政治学的尖端"，他还写道："唯有公意才能够按照国家创制的目的，即公共幸福，来指导国家的各种力量"。他又写道："社会公约可以简化为如下的词句：我们每个人都以其自身及其全部的力量共同置于公意的最高指导之下"，把公意看作最高权威、国家的灵魂、政治学的尖端，可见对于卢梭而言，公意这个特别的概念是何等重要。

那么卢梭的公意具体指什么？它是一种什么样的存在？下面，摘引卢梭的一些文字，从中可以找到问题的答案：

"我所服从的，就只不过是既属于我自己所有、也属于任何别人所有的公共意志"（《纽沙代尔手稿》），这是说公意是所有人"全体一致"共有的意志。

"公意永远是公正的，而且永远以公共利益为依归"（《社会契约论》），就是说，卢梭的公意是指向"全体一致"的共同利益的意志。

"个别意志由于它的本性就总是倾向于偏私，而公意则总是倾向于平等"（《社会契约论》），就是说，公意所指向的共同利益就是平等，前文已经提到，卢梭所谓的最大的公共利益就是平等，所以卢梭所谓的公意，实质上就是指向平等的公共意志。

为了论证平等是每个人相同的意志并因此成为公意，卢梭写了一大段晦涩的文字：

"把我们和社会体联结在一起的约定之所以成为义务，就只因为它们是相互的；并且它们的性质是这样的，即在履行这些约定时，人们不可能只为别人效劳而不是同时也在为自己效劳。如果不是把每个人这个词都当成自己，并且在为全体投票时所想到的只是他自己本人的话；公意又何以总是公正的，而所有的人又何以能总是希望他们之中的每个人都幸福呢？这一点证明了，权利平等及其所产生的正义概念乃是出自每个人的偏私，因而也就是出自人的天性。这一点也证明了公意若要真正成为公意，就应该在它的目的上以及它的本质上都同样是公意。这也证明了公意必须从全体出发，才能对全体适用。"（《社会契约论》第二卷第四章）

这段文字究竟要说明什么？说得简洁一点就是要论证："公意出自每个人的偏私天性"，天性者即每个人生来具有的人类本性，只要是人就一定有这种本性，所以出自本性的公意就必定是每个人一致的共同意志，公意必定指向每个人一致的共同利益。读者可能一下子难以理解——公意怎么会出自偏私？再仔细想想，是可以明白的，不过要费些工夫。

偏私这种心理,在人与人的关系中折射出两种表现，为了叙述方便，我们把它们称之为"偏私一"和"偏私二"。"偏私一"即谋求自己比别人多，比别人得到更多的财产，更高的地位，更大的名声，也可以说是希望别人比自己得到更少。"偏私二"表现为不希望别人比自己得到更多，看到别人比自己"多、高、大"时，就会表现出排斥、抵制、反对等态度。出于"偏私一"，要跟别人竞争，或者联合一些人跟另一些人竞争，最终的结果是每个人得到不平等的利益。当"偏私一"无法得到满足，在竞争中遭受挫折或失败时，偏私的天性就表现为"偏私二"，认为现实不公平、不公正，希望把胜利方得到的多于自己的部分拉下来，拉到跟自己同样水平，这样一来，至少自己不比别人少，而且还会这样为自己辩护："大家得到一样多，大家过得一样好，每个人都同样幸福，这是全体的最大幸福"。由此而证明，

"偏私一"指向不平等，而"偏私二"则指向平等，平等就是所有人的公共利益，公意就是指向平等的公共意志（公意）。

卢梭就是这样来论证："公意又何以总是公正的，而所有的人又何以能总是希望他们之中的每个人都幸福呢？"，他的论证也道出了他的意图：遏制人的天性"偏私一"（个别意志），发扬助长"偏私二"（公共意志）。由此，人们可以找到理解卢梭政治哲学的钥匙。

没有人能像卢梭这样看透了人的天性，也没有人能够捕捉到公意出自人的偏私天性这个神秘的公私关系，这是卢梭的独创，没有哪个学者曾有这一创见，更不要说愚昧的民众了，他们不会知道卢梭所谓的公意是什么东西，他们也不会知道"公意即平等"的道理，更不会知道这种公意是"国家的灵魂"。只有卢梭才把握到关于公意的真理，只能在卢梭的教诲下才可能明白这道理。

从以下摘引的卢梭的文字中,可以看出他独创的"公意出自偏私天性"这个"原理"推演的结果：

"国家在濒于毁灭的时候,……是不是因此之故公意就会消灭或者腐化了呢？不会的,公意永远是稳固的、不变的而又纯粹的……,甚至于为了金钱而出卖自己选票的时候,他也并未消灭自己内心的公意,他只是回避了公意而已"（《社会契约论》第四卷第一章）。因为公意出自人的天性，所以公意是永远不变地存在于每个人的内心。

"众意与公意之间经常总有很大的差别；公意只着

眼于公共的利益，而众意则着眼于私人的利益，众意只是个别意志的总和。但是，除掉这些个别意志间正负相抵消的部分而外，则剩下的总和仍然是公意"（《社会契约论》第二卷第三章）。

"公民彼此之间没有任何勾结；那末从大量的小分歧中总可以产生公意，而且讨论的结果总会是好的。……因此，为了很好地表达公意，最重要的是国家之内不能有派系存在，并且每个公民只能表示自己的意见。……这种防范方法是使公意可以永远发扬光大而且人民也决不会犯错误的唯一好办法"（《社会契约论》第二卷第三章）。

以上文字的意思是什么？它们说的是如何遏制"偏私一"，发扬"偏私二"，个别意志是"偏私一"，切不允许人与人互相通气、勾结，让每个人的个别意志都孤立起来，并让他们互相对抗、排斥、抵消，如此讨论的结果只剩下一种选择——"偏私二"，也就是大家都一样，人人平等，由此，公意就得到发扬光大，并达到全体一致。

在《社会契约论》第二卷第三章的一处注解中卢梭写道："阿冉松侯爵说：'每种利益都具有不同的原则。两个个别利益的一致是由于与第三者的利益相对立而形成的'，他还可以补充说，全体的利益的一致是由于与每个人的利益相对立而形成的"。这是对"全体一致"最露骨的描绘，就是说，只要哪个人的个别意志开始冒头，就将在其它所有人的抵制中压下去，这就是卢梭想要造就的状态。

人们不禁要问，这个永远的、不变的、纯粹的、在每个人的内心的公意，究竟是怎样一种存在？卢梭说，公意是一种"思维中的存在"。

他写道："大家的意志就是至高无上的秩序和律令；而这一普遍的、人格化了的律令，就是我所称为的主权者"（《山中书简》）。这就是说，公意是至高无上的律令，主权者是这一律令的人格化。

他写道："由于公约的性质，主权的一切行为一也就是说，一切属于公意的行为"《社会契约论》。

"归根到底，政治体既然只不过是一个道德人格，所以就只不过是一个思维中的存在。"（《纽沙代儿手稿》）。

他写道："什么是公共人格？我回答说，它就是人们所称之为主权者的、由社会公约赋之以生命而其全部的意志就叫做法律的那个道德人格"（《纽沙代尔手稿》）。这里提到主权和法律，此二者乃是国家的象征，卢梭认为它们都只是公意的行为。

他写道："法律又是什么呢？那就是公意对于一个共同利益的目标所做出的公开而庄严的宣告。"（《山中书简》第六书）。

他在《社会契约论》中反复写道："法律只不过是公意的正式表示"，"法律乃是公意的行为"，公意"一经宣示就成为一种主权行为，并且构成法律。"

总之，卢梭的公意是早于主权和法律而存在的一种"思维中的存在"，在人类政治活动以前就已经存在的一种"先验的"存在，主权和法律只是它的产物，因此它是国家的"灵魂"。

卢梭这种思想方法，源于古希腊的柏拉图，柏拉图说，有一种"绝对理念（理性）"，它是客观的、真实的存在，它是永远不变的存在，人所感觉到的事物都只是它的"摹本"或"影子"。譬如人们看到的一只只狗，是具体的、可变的、会消失死亡的，但"狗"这个概念却永远不变地存在着。柏拉图说，人们把握到这种"绝对理念"以后，才能把握事物的变化则律，但是只有具备最高智慧的人才能做到这一点，所以一个国家必须由具备最高智慧的哲学家来当皇帝。卢梭也同样认为，只有具备最高智慧者才能把握公意，必须由一个"立法者"把公意表达出来，写成法律。

卢梭在《社会契约论》中专门设立一章叫做《论立法者》，其中写到："要为人类制订法律，简直是需要神明"，"需要最高的智慧"，"立法者在一切方面都是国家中的一个非凡的人物"，卢梭把立法者描绘成一个具备大智、大德、大能的伟大人物。卢梭本人即曾企图作这样一位立法者，并于１７６５年写成《科西嘉制宪拟议》，１７７３年写成《波兰政府论》。

现在来看看洛克的说法。他在《政府论》下篇第十九章写道："一个国家的成员是通过立法机关才联合并团结成为一个协调的有机体的。立法机关是给予国家以形态、生命和统一的灵魂；分散的成员由此才彼此发生相互影响、同情和联系。……社会的要素和结合在于有一个统一的意志，立法机关一旦为大多数人所建立时，它就使这个意志得到表达，而且还可以说是这一意志的保管者。"随后，洛克还把立法机关的成员称为"受社会委托来表达公众意志的人们"。在第十三章写道：法律执行者应该"依照国家的法律所表示的社会意志而行动"，还写到："社会成员除服从社会的公共意志外，并无其它服从的义务"。应该说，洛克所说的"统一的意志"、"社会意志"、"公众意志"等等，都与"公共意志"（公意）指同一个意思。

从洛克上述文字中，可以看出以下几点：一是，公共意志通过立法机关表达出来，立法机关是公共意志的代言人；二是，尚未组建立法机关以前，人民还没有结合成为一个整体，公共意志无从谈起，只有在组建立法机关以后，才产生或形成公共意志；三是，立法机关代言的公共意志是大多数人的意志，公共意志是有着纷争和歧见的人们按多数原则做出决定而产生的；四是，公共意志是具体的，不只是抽象的。

洛克所说符合事实，具体的公共意志（公意），也就是指在处理种种公共事务中产生的公共意志，在每一项公共事务中人们遵循多数原则做出的决定，产生了具体的公意，在这一决定尚未做出以前，人们还不知道这具体的公意是什么，它还没有产生出来。在多种多样的公共事务中反映出来的具体的公意，在人们头脑里形成了"公意"这个概念。存在于头脑里的公意概念对应于具体的公意，只有具体的公意才是真实的存在，离开了具体的公意说什么"只不过是思维中的存在",那是空谈。具体的公意都是通过讨论、协商、最后按多数原则而产生,因而不可能是"每个人自己的意志",也不是全体一致的意志。

可见,卢梭与洛克对于公意有着绝然不同的论述,一个说公意是全体一致的共同意志,一个说公意是多数人的意志;一个说,公意是先验的永远不变的"思维中的存在",一个说公意是人们活动过程中产生的具体的存在,这再一次显露出卢梭与洛克的针锋相对。

由这些针锋相对的观念,构建出互相对立的政治哲学,洛克所说的最高权威来自于人民的共同行动,洛克所设想的政体,是自下而上由人民的共同行动建立起来的。卢梭把先验的公意奉为最高权威,卢梭所设计的政体,是自上而下在一个"思维中的存在"的指引、教导下建立起来的,洛克的政治学说是关于"权力来自于人民"的学说,卢梭学说是"权力来自于思维中的存在"的学说。

第七节 卢梭的社会公约

卢梭说:"要寻找出一种结合的形式,使它能以全部共同的力量来卫护每个结合者的人身和财富,并且由于这一结合而使每一个与全体相联合的个人又只不过是在服从自己本人,并且仍然像以往一样的自由。这就是社会契约所要解决的根本问题"(《社会契约论》第一卷

第六章）。他要创造一种"结合的形式"，来组织社会，并使每个人得以"自由"。请注意这里说到"自己服从自己"而拥有"自由"，对此下文将继续评析。

卢梭所说的这一"结合的形式"，就是通过订立"社会契约"来使全体成员结合成为共同体的形式。订立"社会契约"，这不是卢梭的发明，在他出生以前，英国的霍布士、洛克等人早已"寻找出"这一形式，卢梭的发明在于：参与结合的每个人"只不过是在服从自己本人，并且仍然像以往一样的自由"，他设计的社会公约如何做到这一点呢，他写道："这些（契约的）条款无疑地也可以全部归结为一句话，那就是：每个结合者及其自身的一切权利全部都转让给整个的集体。"又写道："社会公约可以简化为如下的词句：我们每个人都以其自身及其全部的力量共同置于公意的最高指导之下，并且我们在共同体中接纳每一个成员作为全体不可分割的一部分。"（《社会契约论》第一卷第六章）

卢梭所创造的"社会契约"，有两条重要原则，第一，每个人将自身及其一切权利、全部力量都转让给集体，这"一切"当然包括个人的生命、财产和自由等等；第二，服从公意的最高权威，接受公意的约束。他要人们相信，做到这两条，每个人就会像"服从自己"那样得以"自由"。可是，人们不禁要问：为什么必须把自身的"全部"、"一切"都奉献给集体，才能得到自由？为什么服从公意就是"服从自己"？为什么必须服从公意、接受约束才能得到自由？对于这些问题，卢梭在《社会契约论》中，翻来覆去地从理论上来加以论证。

在评析卢梭的论证以前，让我们先温习一下洛克的自由观，主要有以下几点：一，洛克所说的自由是一种权利，是"随己之愿而行事"的权利，不管是"自然的自由"还是"社会的自由"，这一点是相同的。二，自由的权利都必须以法律为准绳，"自然的自由"以自然法作为准绳，"社会的自由"以"长期有效的法律"为准绳，所以洛克又说"没有法律，就没有自由"，主要就是这个意思。三，自由要以法律为准绳，其意思是指，在法律规定的事情上应该承受约束的义务，自由绝不是"想干什么就干什么"的所谓权利，而是"在规则未加规定的一切事情上"拥有的（自由）权利。四，这种"在规则未加规定的一切事情上"拥有自由的权利，"不受另一人的反复无常的、事前不知道的和武断的意志的支配"，就是说，自由权利一经法律划定，就不容限制、不容约束、不容支配，洛克否定所谓的"受约束的自由"。五，洛克进一步强调说："这种不受绝对的、任意的权力约束的自由，对于一个人的自我保卫是如此必要和密切联系，以致他不能丧失它，除非连他的自卫手段和生命都一起丧失"，洛克强调人民绝不能把"一切权利"都转移出去，特别是自卫的权利，人民必须保留它，一旦政府或统治者侵害人民的利益，就可以奋起反抗。

再复习一下卢梭的自由观。卢梭说有两种自由即"自然的自由"与"社会的自由"，前者是"不受约束的自由"，即"要得到一切、不受限制的权利"；后者是"被约束的自由"。这正与洛克针锋相对，洛克说自由不是"想干什么就干什么"的权利，卢梭却说有一种自由是"要得到一切、不受限制的权利"。洛克说，自由权利是不受任何约束的，卢梭却说有一种自由是"被约束的自由"，那就是被公意约束的自由。洛克说自由权利不可丧失，否则生命也将一起丧失，卢梭却说，必须上交一切权利包括生命、自由，他认为在人类社会中，"没有约束的自由"将给社会带来灾祸，不允许存在，在社会里人只能拥有"被约束的自由"，那就是"被公意约束的自由"，服从公意就是自由。

被约束的自由究竟是怎样一种权利？"被约束"怎么又是"自由"的呢？为什么"服从"就是"自由"了呢？卢梭为了让人们相信他的理论，费了不少的心思来论证，这种论证贯穿于在他的著作，从中可以看到有一条线索，这条线索所依据的逻辑是：前提一：服从自己就是自由；前提二：服从公意就是服从自己；推论：服从公意就是自由。

先来评析他的《前提一》："服从自己就是自由"。上文已经提到，卢梭说过，"要寻找出一种结合的形式，……使每一个与全体相联合的个人又只不过是在服从自己本人，并且仍然象以往一样的自由"，这里说到"服从自己本人"就是自由。他还写道："唯有服从人们自己为自己规定的法律，才是自由"（《社会契约论》第一卷第八章），这里说到"人们服从自己"才是自由。在另一处，卢梭写道："只要臣民遵守这样的约定（指社会公约），他们就不是在服从任何人，而只是在服从他们自己的意志。"（《社会契约论》第二卷第四章），这里说的是"人们服从人们自己"。可见，卢梭一而再、再而三地在强调"服从自己就是自由"。

卢梭在这里又一次玩弄他的诡辩法，为什么这么说？因为，人们可以理解这句话："当我能够任凭自己的意志行事的时候，我就是自由的"，人们对"自由"这个词的原来意思就是这样理解的，自由的原意是指某种行为状态，一种不受约束的行为状态。而卢梭把"任凭自己的意志"偷换成"服从自己的意志"，把自由描述为"服从自己"的状态，于是可以迷惑读者，似乎"服从"与"自由"是一回事，似乎约束与自由可以混同，迷惑之中把"服从自己就是自由"这个意思灌输进读者的脑袋。卢梭用"服从"二字来描述"自由"，是故意玩弄词语，"服从"这个词一般指对于外力的服从，自己对自己不存在服从的问题，譬如说我服从法律，即指服从法律加至于我的约束，服从这个词一般指受到外力约束时的行为状态，跟自由的原意（不受约束）完全相反。由此可见，卢梭设立的"前提一"是站不住脚的。

再来评析第二个前提：《服从公意就是服从自己》。

卢梭是这样论证的，公意出自人的天性，所以公意就是"我自己的意志"，也是"任何人的意志"，我服从公意即是"自己服从自己"。

但是，卢梭自己也说过："事实上，每个个人作为人来说，可以具有个别的意志，而与他作为公民所具有的公意相反或者不同。……他那绝对的、天然独立的生存，可以使他把自己对公共事业所负的义务看作是一种无偿的贡献，……于是他只享受公民的权利，而不愿意尽臣民的义务了。这种非正义长此以往，将会造成政治共同体的毁灭"（《社会契约论》第一卷第七章）。卢梭承认人的天性中存在个别意志，即他所谓"绝对的、天然独立的生存"。那么，如果他说公意永远不灭地存在于人的内心，那么他也必须承认个别意志也是永远不灭地存在于人的内心；如果他说"服从公意就是服从自己"，那么他也必须承认"服从个别意志就是服从自己"。也就是说按照卢梭的逻辑，"服从自己"不一定是"服从公意"，当一个人服从自己的个别意志的时候，他必须违抗自己（心中的公意），反过来说，当一个人服从公意的时候，他也必须违抗自己（心中的个别意志）。于是，下面这一判断也是成立的，即"服从公意就是违抗自己的意志"，于是，下面这一判断也是成立的，即"服从公意既是服从自己又是违抗自己"。

造成卢梭这一逻辑的缺陷之原因，在于他在说"服从自己的意志就是自由"的同时，又把"自己的意志"说成是两种意志，而且是完全对立的两种意志，是非此即彼的两种意志，"服从自己"这个短语的涵义变得模棱两可、无法确定。

同时人们可以设想，"服从自己"将演变成为一场你死我活的斗争，一场所谓公意消灭个别意志的斗争，而不是人们自愿地、和平地互相协商订立社会公约的公共活动。事实上，卢梭再三强调："为了使社会公约不至于成为一纸空文，它就默契地包含着这样一种规定——唯有这一规定才使其它规定具有力量——即任何人拒不服从公意的，全体就要迫使他服从公意。这恰好就是说，人们要迫使他自由"（《社会契约论》第一卷第七章）。卢梭将如何实施"迫使"呢，即运用绝对权力处置他们，他这样写道："一个为非作恶的人，既然他是在攻击社会公约，于是便由于他的罪行而成为祖国的叛徒；他破坏了祖国的法律，所以就不再是国家的成员，他甚至于是在向国家开战。……就应该把他当作公约的破坏者而流放出境，或者是当作一个公共的敌人而处以死刑"（《社会契约论》第二卷第五章）。

卢梭设计的社会公约真的是为了社会成员的自由吗？不是！正好相反，他设计的社会公约是想确立一种绝对的权力迫使人们服从，是要树立他所谓公意的最高权威以约束每一个人。

第八节 卢梭的"人民主权"

有不计其数的学者写了不计其数篇文章，称颂卢梭的"人民主权"论。可是他们都没有想过如下问题：卢梭心中的"人民"是怎样的？卢梭心中的"主权"指什么？

卢梭心中的"人民"是怎样的？

先不妨比较一下洛克与卢梭是如何看待人民的。

洛克说，人是独立、自由、平等的，人民是独立的、有差异的个体的集合；卢梭说，人的绝对的、天然独立的生存导致不平等、分化，是一切罪恶的根源，人民应该是由同质个体融合而成的统一体，人民乃是由每一个"我"融合而成的"大我"，是一种所谓"人格"，是空洞的"思维中的存在"。

洛克说，人民自愿地、和平地、经过协商按多数原则产生共同的权威，从而形成一个整体；卢梭说，人民通过"迫使"及"全体与每个人的对立"的手段，达成全体一致服从公意的绝对权威，构成不可分割的整体，其中每一个人都"不感觉到自己的存在"。

洛克说，人民保留自由和自我保护的权利，拥有思想、言论、结社等自由权利；卢梭说，每个人要上交一切权利，人民不许勾结、串连，不许组织党派，每个人只与共同体或集体发生关系，个人的一切都只能依赖集体和共同体，谁想脱离这种关系"就等于无物，就会一事无成"。

洛克说，人民按自己的意愿通过协议、遵循多数原则产生最高权威，最高权威必须对人民负责；卢梭说，在人民之上有一个最高权威即公意，人民服从这个最高权威，受其指引和领导。

可见卢梭与洛克在有关"人民"的观念方面是针锋相对的。

从卢梭以下言论中，可以进一步看清他对人民的态度，一方面他以大智大德自居而蔑视人类，另一方面，以救世主的姿态俯视人民：

"一个主要原理是：自然曾使人幸福而善良；但社会使人堕落而悲苦。"（《对话录III》）

"人类成为社会人的时候变得十分不幸而又作恶多端。"（《日内瓦手稿》）

"人啊，别再问是谁在作恶了，作恶的人就是你自己"（《爱弥儿》下卷）

"所有的人都产生一种损害他人的阴险意图和一种隐蔽的嫉妒心。"（《论人类不平等的起源和基础》）

"人人都时时隐藏着损人利己之心"（同上）

社会"使人的理性趋于完善，同时却使整个人类败坏下去。在使人成为社会的人的同时，却使人变成了邪恶的生物。"（同上）

"现在的人都是邪恶的，悲惨和继续不断的经验已使我们无须再加以证明。"（同上）

"富人的豪夺、穷人的抢劫以及一切人毫无节制的情欲，扼杀了自然怜悯心和还很微弱的公正的声音，于是使人变得吝啬、贪婪和邪恶。"（同上）

"新产生的社会让位于最可怕的战争状态；堕落而悲惨的人类，……终于使自己走到了毁灭的边缘。"（同上）

"社会，在贤者看来，只不过是一种失去淳朴本性的人和人为的情欲的集合体。"（同上）

"你喜欢怎样赞美人类社会就怎样赞美吧，可是无论如何人类社会必然是：人们的利害关系越错综复杂，

相互忌恨的心里便越增长。于是人们表面上像是互相帮助，实际上却无所不至地在互相残害。"（同上）

由上不难看出，卢梭对于他眼前的人类和社会，怀着强烈而深厚的感情——厌恶、仇恨和鄙视。他诅咒这样的人类和社会，用尽了恶毒的词语，败坏、吝啬、贪婪、堕落、邪恶，相互残害而处于战争状态，走到毁灭的边缘，等等。特别要注意，卢梭说到人的时候，不是指某些人，而是指"所有人"、"一切人"、"穷人和富人"、大写的"人"、"整个人类"。在卢梭的心中，所有的人都一无是处，所有的人都不能依靠。这样的人民能够担当掌握公意、制订法律、行使主权的任务吗？这样的人民能够担当改良社会、挽救人类的重任吗？不！这样的人民必须首先得到改造，改变他们的人性，剥夺他们"自然的、绝对的生存"，赋予他们新的意志、人格和力量。

那末，谁来改造社会、挽救人类？依靠哲学家吗？依靠那些富有智慧的学问家吗？不！卢梭对于"人"当中的哲学家，怀有一种别样的情感：带有酸味的憎恨和厌恶。下面引述他的两段话，没有办法删节，只好大段引来。

在《爱弥儿》下卷中，卢梭写道："我请教许多哲学家，我阅读他们的著作，我研究他们的各种看法。我发现他们都很骄傲、武断、自以为是的，即使在他们所谓的怀疑论中，他们也说他们无一不知，说他们不愿意追根究底，说他们要彼此嘲笑；最后这一点，所有的哲学家都是具有的，所以我觉得，这一点也就是他们唯一说得正确的地方。他们得意洋洋地攻击别人，然而他们却没有自卫的能力。如果衡量一下他们所说的道理，他们的道理都是有害于人的；如果问他们赞成哪一个人的说法，每个人就说他赞成自己；他们是为了争论才凑合在一起。"

他还写道："即使哲学家们有发现真理的能力，但他们当中哪一个人对真理又感到兴趣呢？每一个人都知道他那一套说法并不比别人的说法更有依据，但是每一个人都硬说他的说法是对的，因为那是他自己的在看出真伪之后，就抛弃自己的荒谬的论点而采纳别人所说的真理，这样的人在他们当中是一个也没有的。哪里找得到一个哲学家能够为了自己的荣誉而不欺骗人类呢？哪里去找在内心深处没有显扬名声的打算的哲学家呢？只要能出人头地，只要能胜过同他相争论的人，他哪里管你真理不真理？最重要的是要跟别人的看法不同。"

连哲学家这种有智慧的人，也跟着整个人类、社会同样地败坏了，谁都不能依靠，看来，只剩下一个人能够担当改造社会、挽救人类的重任，这个人当然是能够对这一切冷眼观之，并能够看透这一切，这个人怀有最崇高的道德和最高级的智慧，能够洞察人类社会的罪恶，能够挖掘出罪恶的根源，这个人有把握改造人类，将人类引向美好社会，这个人是哲学家中的"皇帝"。

卢梭说："为了发现能适合于各民族的最好的社会规则，就需要有一种能够洞察人类全部感情而又不受任何感情所支配的最高的智慧。"（《社会契约论》）

"要为人类制订法律，简直是需要神明"。（同上）

这个神明般的最高智慧俯视着人民，看着这败坏的、愚昧的、盲目的芸芸众生，怀着慈悲之心要指引和教导他们，他说道："常常是并不知道自己应该要些什么东西的盲目的群众，——因为什么东西对于自己好，他们知道得太少了，——又怎么能亲自来执行像立法体系这样一桩既重大而又困难的事业呢？人民永远是愿望自己幸福的，但是人民自己却并不能永远都看得出什么是幸福。公意永远是正确的，但是对公意的判断却并不永远都是明智的。所以就必须使它（指人民）能看到对象的真相，有时还能看到对象所应该呈现的假象；必须为它（人民）指出一条它所寻求的美好道路，保障它（人民）不至于受个别意志的诱惑，使它能看清时间与地点，并能以遥远的隐患来平衡当前切身利益的引诱。个人看得到幸福却不要它；公众在愿望着幸福却又看不见它。两者都同等地需要指导。……正因此，才需要一个立法者。"

这个立法者不但具有神明般的最高智慧，而且具有非凡之大能大勇，正如卢梭所说："立法者在一切方面都是国家中的非凡人物"。卢梭还非常具体地描绘立法者所具有的能耐和胆量："敢于为一国人民创制的人，——可以这样说——必须自己觉得有把握能够改变人性，能够把每个自身都是一个完整而孤立的个人转化为一个更大的整体的一部分，这个个人就以一定的方式从整体里获得自己的生命与存在；能够改变人的素质，使之得到加强；能够作为全体一部分的有道德的生命来代替我们人人得之于自然界的生理上的独立的生命。总之，必须抽掉人类本身固有的力量，才能赋予他们以他们本身以外的、而且非靠别人帮助便无法运用的力量。这些天然的力量消灭得越多，则获得的力量也就越大、越持久，制度也就越巩固、越完美。从而每个公民若不靠其余所有的人，就会等于无物，就会一事无成。"

这个人，当然就是卢梭自己！卢梭曾企图作这样一位立法者，并于１７６５年写成《科西嘉制宪拟议》，１７７３年写成《波兰政府论》，卢梭把自己当作改造社会、挽救人类的大救星。

不过，卢梭深深感到，若要有十分把握，还得做一件大事，何等大事？他说："这里还有另一个值得注意的困难。智者们若想用自己的语言而不用俗人的语言来向俗人说法，那就不会为他们所理解。可是，有千百种观念是不可能翻译成通俗语言的。太概括的观念与太遥远的目标，都同样地超乎人们的能力之外的；每一个个人所喜欢的政府计划，不外是与他自己的个别利益有关的计划，他们很难认识到自己可以良好的法律要求他们所作的不断牺牲之中得到怎样的好处"，"人民甚至于不能容忍别人为了要消灭缺点而碰一碰自己的缺点，正像是愚蠢而担心的病人一见到医生就要发抖一样"，为此卢梭设想出对付人民的办法："这样，立法者便不能使用强力，也不能使用说理；因此就有必要求之于另外一种不以暴力而能约束人、不以论证而能说服人的权威了。这就是在一切时代里迫使得各民族的父老们都去求助于上天的干预，并以他们固有的智慧来敬仰神明的缘故了……这种超乎俗人们的能力之外的崇高的道理，也就是立法者所以要把自己的决定托之于神道设教的道理，为的是好让神圣的权威来约束那些为人类的深思熟虑所无法感动的人们"。

这才叫做"深思熟虑"啊！卢梭为了创制他的理想社会，想得多么周到啊！用驱逐出境或者处死的办法，只能对付那些公然反对的少数人，这只是"硬的一手"；最伤脑筋的是如何对付数量很大的"盲目的群众"，对付"为人类的深思熟虑所无法感动的人们"，虽然一时一事可以抽掉他们的独立生存而使之服从，但在彼时彼事他们又将恢复他们的盲目和顽固，真所谓"唯上智下愚不移"。为此，卢梭决意要创建一门新的宗教。在《社会契约论》的最后，第四卷第八章，卢梭着手"论公民宗教"，以此维护卢梭之公意的绝对统治地位。

卢梭真不愧是一个既蔑视人民、又要当人民球星的稀罕人物。

纵观历史，人们看到，像卢梭这样的人物有很多，他们对待人民的观念和态度，总是反映出相互依存的两个方面，一方面，他们自以为拥有大智、大勇、大德、大能，他们自以为大慈大悲、同情民众，他们自以为有把握能救苦救难，他们自以为能够缔造出一个完美的世界；另一方面，他们把人民看作是品质低下，软弱无能、愚昧无知、涣散如沙又好跟潮流、胆小如鼠又好走极端、幻想奇人奇迹、盼望救世英雄。像卢梭这样的人物，他们认为有把握这样做,也有权这样做:即无视人的尊严,剥夺他人,改造他人,迫使他人,组织"全体与每个人对立",像上帝用泥巴塑造人那样,把人捏成同质的物体,"化合"成一个不可分割的集体。像卢梭这样的人物,他们给自己制造出堂皇的理由:为了拯救人类,为了人民的利益,为了铲除罪恶,为了全体幸福,为了美好理想;他们自以为这样就可以轻而易举地煽动群众的不满和积怨,可以把一盘散沙聚成一股不可一世的力量,甚至可以举道德诛心、借理想杀人,把个体生命视作鸿毛,挑动社会的一部分人把另一部分人看作敌人,驱使人们怀着仇恨去斗争。像卢梭这样的人物,他们不但看不起大众,也看不起精英,"精英主义"者还承认精英之间的竞争,而这些人根本无视这种竞争,他们宣称真理是唯一的,真理就在他们手中,他们自以为是真理的化身,不容任何人来竞争,他们宣称真正代表人民利益,他们说:"人民? 我就是人民!"

知道了卢梭心目中的"人民"是什么,再来看看他说的"主权"是什么,下面再次引用前文摘录的卢梭的言论:

"这一由全体个人的结合所形成的公共人格,以前称为城邦,现在则称为共和国或政治体;当它是被动时,它的成员就称它为国家;当它是主动时,就称它为主权者"(《社会契约论》)。

"这一普遍的、人格化了的律令,就是我所称为的主权者"(《社会契约论》)。

"什么是公共人格？我回答说，它就是人们所称之为主权者的、由社会公约赋之以生命而其全部的意志就叫做法律的那个道德人格"（《纽沙代尔手稿》）。

"政治体既然只不过是一个道德人格，所以就只不过是一个思维中的存在"（《纽沙代尔手稿》）。

总之，政治体或主权者都不过是一个思维中的存在。这个"思维中的存在"在哪里？就在最高智慧者卢梭的脑袋里；政治体和主权者的灵魂是公意，这个公意存在于何处？就在最高智慧者的脑袋里，"人民是主权者"只是一个名义，真正的最高权威是公意，具有绝对权力的是公意，主权只是公意的行为，主权只是公意的宣示，人民只能服从这个最高权威和绝对权力，"人民"只是一个抽象的符号，"人民主权"只是遮人耳目的标签。洛克的"人民的权力"是具体的，当人民按照法律的规定和程序行使权利（选举权）的时候，人民就在行使权力。卢梭也谈到选举官员等等，但他始终强调一个最高原则、一个大前提，即不得违反他创设的"社会公约"，不得违反他所谓的公意。

第九节　卢梭创设的社会

通过以上对于卢梭政治哲学的评析，人们可以摸清卢梭设想建立怎样一种社会的思路，让我们从他下面三句话开始：

"良好的社会制度是善于改变人性的制度，它剥夺人的绝对生命,赋予他以相对关系的生命,把所谓'我'移植在共同的单一体中, 也就是说移植在社会的'我'之中; 这样, 他就不再以为自己是一个单一体, 而是整体的一部分, 只有在共同体之中才感觉到自己的存在"(《爱弥儿》第一卷)。

"最善于使人非自然化的、最能抽除人的绝对生存并把自我转移到共同体之中的社会制度, 才是最好的社会制度"(《爱弥儿》第一卷)。

"必须抽掉人类本身固有的力量, 才能赋予他们以他们本身之外的、而且非靠别人帮助便无法运用的力量。这些天然的力量消灭得越多, 则所获得的力量也越大、越持久, 制度也就越巩固、越完美。从而每个公民若不靠其余所有的人, 就等于无物, 就会一事无成。"(《社会契约论》第二卷第七章)

这三段话所表达的意思, 在卢梭思路的起点就已经潜伏在他的脑海了, 在他思路的终点则能够十分清晰地用语词表达。它们道出了卢梭要创设何等样的社会制度(政治秩序), 那是一种剥夺人的绝对生命的制度, 是抽除人类本身固有力量的制度, 是改变人性使之非自然化的制度, 是任何人如若离开共同体就等于无物、一事无成、不再感觉自己存在的社会制度。

没有这样的社会制度, 卢梭就无法实现他所谓的理想, 他认为社会的一切罪恶和灾祸都是产生于"不平等", 他理想中的"美好社会"是平等的社会, 他心目中的平等是指"条件的平等"和"权利的平等", 首先是

"条件的平等",就是指在人们制订社会公约组成社会之时,每个人的条件是平等的(每个人把自身及其一切权利全部上交),然后由共同体给每个人分配平等的权利。

卢梭深知,要实现他所谓的平等,最大的障碍来自于人的天然本性,他称之为"自然的自由"即"想得到一切而不受约束的自由权利",他还称之为与公意作对的"个别意志",或称之为"绝对的天然独立的生存",等等。如何才能消除这个天然的、顽固的障碍?卢梭的理论就是要解决这一问题,他的思路在两条线展开:一条线,论证造成不平等罪恶的根源是人的自私本性,论证遏制和剥夺这种独立生存之天性的必要性和可能性;另一条线,论证平等也出自人的天然本性,平等的意愿存在于每个人的内心,平等是每个人的意志,因而是全体一致共有的意志——公共意志,并论证实现平等的最有力依据和唯一路径——把公意作为最高权威,用法律或社会公约的形式确保这个最高权威,迫使人们全体一致地服从,如此这般,障碍消除,一个美好的稳固的社会就建立起来了。前一条线主要在《论人类不平等的起源和基础》中展开,后一条线主要在《社会契约论》展开。

在后一条线中,"公意"这个独特的概念起着"贯穿"的作用,当卢梭的头脑中呈现出"公意"这个独特概念时,他如获珍宝,并且把这个公意当作自己理论的灵魂,吹嘘它是政治学的尖端。

他论证公意与平等的关系,在把平等升华为"公意"的同时,还把它描绘成一种神秘的、捉摸不清的东西——

——一种思维中的存在，只有具备最高智慧、神明般的非凡人物才能把握的东西，偷偷塞进来柏拉图"哲学家皇帝"的货色。在他看来，没有任何政治理论家曾经发现这个尖端概念，没有任何人发现在人群中存在"全体一致的利益"和"全体一致的意志"，而这恰恰是人们结成社会的唯一根据。

卢梭费尽心机地论证公意与自由的关系，他提出了一条独特的原理："政治体的本质就在于服从和自由二者的一致"（《社会契约论》第三卷第十三章），他论证服从公意就是自由，强迫人们服从公意恰恰是让他们获得自由。人们普遍向往自由，把自由当作追求的目标，于是卢梭设法把自由捆绑在他的战车上，为他的理论增添光芒。为此他与洛克针锋相对，提出"两种自由"的概念，把"自然的自由"跟个别意志连接起来，把"社会的自由"跟公共意志链接起来，遏制前者，发扬后者，这种别出心裁的自由观对卢梭十分有利，借用"自由"的光辉，既克服了天然的顽固的障碍，又确立公意的最高权威。

卢梭要创设的"美好社会"是怎样的一种社会？那是由绝对的最高的权力统治下的社会，那是一家之说、一尊之言独霸全民的社会，那是一个不服从上方就将被流放、入狱、处死的社会，那是统治者可以为所欲为的社会，那是每个人被迫把一切上交给统治者因而落到"一事无成、一无是处"之地步的社会，那是遏制个人自由和创造性的社会，那是地狱一般的乌托邦。

第十节　卢梭对后世的影响

英国哲学家罗素曾说，法国大革命时期的罗伯斯庇尔是卢梭最直接的结果，此人自称是卢梭的忠实学生，思想偏激，掌权以后实行恐怖的血腥的专制统治，短短几个月就有数以万计的人被送上断头台。罗素还曾说现时代的希特勒也是卢梭的结果，不过，恐怕罗素还来不及看出斯大林、毛泽东也是卢梭的结果。

然而，对卢梭的崇拜、赞扬至今还大有人在，有大量学者把各种光环套在卢梭的身上，什么"最同情弱者的哲学家"，"劳苦大众的代言人"，"高尚的道德家"，"人民的思想家"，"民主的奠基人"，等等，而更加大量的读者因为身处低层而容易对之产生共鸣。

如今人们已经看到，有一种主义能把人世间搅得天翻地覆，那就是马克思主义，可也许很少有人谈及马克思与卢梭之间的联系。倒是马克思的亲密战友恩格斯道出了这样的联系，恩格斯在《反杜林论》中写道："我们在卢梭那里不仅已经可以看到那种和马克思《资本论》中所遵循的完全相同的思想进程，而且还在他的详细叙述中可以看到马克思所使用的整整一系列辩证的说法：按本性说是对抗的、包含着矛盾的过程，每个极端向它的反面的转化，最后，作为整个过程的核心的否定的否定"。恩格斯说的是这两人"完全相同的思想进程"和"同样使用辩证法"，此二人真是所谓"心有灵犀一点通"啊。

为什么有那么多的学者会赞赏卢梭？那些伪民主独裁政治的掌权者，在夺权过程中曾经在卢梭的言论里找到了煽动民众为其充当马前卒的理论武器（劳苦大众翻身解放当家作主），夺权以后又在卢梭的言论里找到维护权力的妙计良策（拜服于人民救星的绝对权威之脚下），在那样的社会里，成千上万个知识分子被洗脑，并为了博取政治资本而努力推崇卢梭，这种现象由此而生。

但是在欧美那些民主化程度较高的社会里，也有不少学者推崇卢梭，可能有两个原因，一是，他们接受卢梭的道德理念，二是，他们在同情弱者、批判强者这方面与卢梭有所共鸣。

下面，将对两位知名学者的有关论述予以简单介绍和评析，一位是德国哲学家恩斯特.卡西尔(或卡西勒)，另一位是美国哲学家约翰.罗尔斯。

在二十世纪三十年代，德国哲学家恩斯特·卡西勒（据说被誉为二十世纪最重要的哲学家之一），发表了两篇论述《卢梭问题》的文章（恩斯特·卡西勒著，彼得·盖伊编，王春华译，译林出版社出版），他说的"卢梭问题"，大概有两层意思，一是指卢梭提出了一个问题，这问题是什么？二是指人们对卢梭思想有不同的、相矛盾的解释，于是"如何正确解释"就成为一个问题，卡西勒将对这两个问题做出解释。

他认为卢梭提出的问题是一个根本性的问题："要寻找出一种结合的形式，使它能以全部共同的力量来卫护每个结合者的人身和财富，并且由于这一结合而使每一个与全体相联合的个人又只不过是在服从自己本人，并且仍然像以往一样的自由。这就是社会契约所要解决的根本问题"，这是他解答的第一个问题。

对于第二个问题，卡西勒指出，有人说卢梭前后不一、自相矛盾，这是错误的，他论证卢梭思想中贯穿着一条主线——自由。他分析卢梭的著作，认为《论不平等的起源》批评罪恶的社会如何遏制人的自由，《爱弥儿》描绘了避开罪恶社会种种影响的自由地自然成长的生活，《社会契约论》指明了"更高意义上的自由"，亦即服从公意和法律的自由，受公意和法律约束的自由。

卡西勒说卢梭的目的是建立"真真正正的人类共同体"，卢梭创设了达到这一目的康庄大道——卡西勒称之为"自由之路"。什么是"真真正正的人类共同体"？卡西勒说，在这样的共同体中，人人服从公意亦即人人自由，团结得就像一个人那样。卡西勒说的"更高意义上的自由"是什么？他写道："真正的自由……就在于用法律约束任何人"，还写道："自由是指服从于个体为自身所设立的严厉而不可侵犯的法则"，他重复卢梭那套逻辑——自由就是服从自己，服从公意就是服从自己，所以服从公意就是自由。

这两位著名哲学家喜欢搞玩弄语词，从"服从"、"约束"这些意义上来定义自由。人人懂得应该服从法律而约束自己的行为，但约束的是"行为"而不是"权利"，权利是不受约束的，自由是法律保护其不受约束的权利。

服从这个语词一般使用于受到外力作用时约束自己的行为状态，自由这个词的原意是指不受约束的行事状态，两个词语所指完全相反。这两位哲学家也许是最高智慧者，居然能把意义相反的词语同一起来。

卡西勒的思想和卢梭有着同一个出发点，即认为人的自私（自爱）的本性是万恶之源，要建立美好社会就必须清除这个天然的障碍。卢梭把这障碍称之为"自然的自由"，即"得到一切不受限制的权利"，卡西勒称之为"奴役与操纵人们的自爱之心"，卡西勒十分痛恶人类这一本能："只有通过约束和控制我们的本能，而不是任其肆意涌动，我们才能获得最高的幸福——那自由人格的幸福"；"卢梭绝非想要在其社会与政治理念中给个体的放任开辟一块地盘，实际上他将这种放任视为是与人类共同体的精神正相违背的罪孽。在作为公意的那种意志面前，个体放任停了下来；面对整体的权利，它放弃了自己的所有要求。在这一点上，特殊利益必须闭嘴。此外，所有纯属主体的意向，所有对于个体的感情的坚守都停止了"。

清除这个障碍以后，代之于对公意的服从，人人享有"真正的自由"，享有"更高意义上的自由"。他们所创设的社会公约，也正是要彻底清除这个障碍，就如卢梭所说："这个社会公约一旦遭到破坏，每个人就立即恢复了他原有的权利，……即天然的自由以及对于他所企图的和所能得到的一切东西的那种无限权利"，卡西勒则进一步警告："社会契约被解除了，人们重新陷入自然状态，在这里，其特征就是纯粹的暴力状态。"

按照《竞争论》的观点来看，人与人的竞争无法避免，因为人们的生存和发展无法离开竞争，谁要逃避或害怕竞争就只能处于弱势地位，而自私（自爱）正是大自然为人类准备的参与竞争的天然武器。为了改良社会，要清除的是侵害他人的自私（自爱），创造良性竞争的秩序。历来的专制独裁者最害怕的就是有人要跟他们竞争，卢梭和卡西勒的哲学正好为这些专制独裁者提供理论武器，即要剥夺人的天然武器，使他们在统治者脚下俯首帖耳。

卡西勒当然不只是步卢梭的后尘，他也有其新意，把卢梭的意思说得更为透彻。他说要实现卢梭的理想，就必须把现实的一切推倒重来，他说"百科全书"派主张谨慎地改良社会，那是机会主义的政治主张，必须从根本上加以变革。最重要的变革是"伦理观念"的解放，要把那种随心所欲的永不满足的"自私之爱"一扫而光，使之毫无容身之地，代之以人人心中共有的公意，要实现这一目标，唯有依靠国家的强力，或者说只有通过政治来"完成这一伦理任务"，使政治"服从于这一伦理律令"，通过确立公意的法律，通过公意的绝对权威，来实践这一伦理律令，这样就完成了卢梭所说"真正的革命"。

几十年前中国大地上发生的"无产阶级文化大革命"，就像卢梭呼唤的"真正的革命"，卢梭的伦理律令化作"大公无私"，化作"灵魂深处闹革命"，化作"狠斗私字一闪念"。"无产阶级文化大革命"真实地体现了卡西勒所说的"由政治来完成伦理任务"的"真正的革命"。但愿今后不会有"真正的革命"再次降临人间，因为它给人们带来一场浩劫。

卡西勒吹捧卢梭是道德家、伦理学家，他说有人误解卢梭的伦理学诉诸于感情而贬低理性，他认为卢梭既"代表了感情的伟力"，又"设置了另一种力量"。这是一种什么力量？卡西勒说：那是"灵魂的主动力量"，那是"灵魂特有的和本质的活动"，那是"自发的、自决的能力"，那是"提升与加强我们自身这一存在"的力量，那是"低档激情的力量"，等等，而卢梭正是凭借这种力量，"在康德之前所确立起来的最为绝对的一种纯粹的责任伦理学"，"与单纯的感情相对，卢梭肯定理性的至高无上；与自然相对，卢梭诉诸自由观念"。卡西勒说卢梭的伦理学是真理，卢梭的目的就是激发人的这种力量，让人们认识这一真理，全体一致地服从真理（公意理论），建立起"真真正正的人类共同体"。人们恐怕不会知道"另一种力量"究竟是什么东西，但是经历过文化大革命的中国人曾体验过这"另一种力量"，那是一种可怕的破坏性的力量，足以制造一场史无前例的浩劫。至于说卢梭是不是道德家，还是让卢梭自己来告诉大家吧。

卢梭在《忏悔录》里回顾了他以往犯过的若干"错误"：对井边打水的姑娘暴露臀部被抓；小偷小摸被人发现后栽赃于女仆，以致她被赶出门；跟主人华伦夫人及另一男仆阿奈结成同居的"三人集体"；当他沉浸在

"妈妈"（华伦夫人）的爱情之中深感幸福的日子里，却在一次旅行途中跟拉尔纳热夫人有好几天"饱尝了最甜蜜的肉欲之乐"；在威尼斯期间，由朋友维塔利介绍去一妓女家过夜，事后怕得梅毒去看医生，医生说他的身体不会得这种病；还"有过一次粗陋的享乐"，跟格里姆及克鲁卜飞尔一起到妓女家，"三人先后同那可怜的小丫头到隔壁房里去了"；还写到一个叫徐丽埃妲的妓女，说她长得美丽，一个奶头是瘪的；与同居的女人生了五个子女，全都送育婴堂；他的好友狄德罗、格里姆，英国的柏克、休谟等几乎都被他疑为敌人……。

人们怎么看待这些行为？应该说，卢梭处在那个时代的巴黎，虽做过那些事情，却也可以理解，又是他出于忏悔自述的往事，人们不应苛责。可是要把他提升为道德家，俨然像个德高望重的典范，太过分了吧。

卢梭是否前后不一、自相矛盾？他的文字的确给人以这种印象，不过这些自相矛盾其实出于同一根源。卢梭就像一棵分叉的树，远远看去好像是两棵树，近看才知它们有着同一个根。这个根向两株分叉输送营养和能量，这营养和能量就是偏激的感性和歪曲的理性。其中一株是对现实的批判，另一株是对未来的设想，前者主要是借助偏激的感性，表达对现实的强烈憎恨，后者主要借助歪曲的理性，用牵强的逻辑论证一个"理性的存在"，将一个乌托邦地狱当作"美好的社会"献给人类。

卢梭在发泄对现实强烈憎恨之时使用的语词，同样应用于他对未来"美好社会"的构想之中，于是在他的论述中频频出现这种情况，即同一个语词表达着不同的涵义。似乎在卢梭的脑海里，充满着一对一对互相矛盾的概念，他的意识和思维游走在两个极端之间，时而为憎恨的喷发服务，时而为歪曲的理性服务，在这两种情况之下使用同一个语词，却表示相对立、相矛盾的涵义，这就注定要发生概念的混乱，显现出自相矛盾。

在卢梭那里，有两种自然状态，天真、淳朴的自然状态，纯粹暴力的自然状态；有两种自然，一种是儿童生长的"自然"规律，一种是必须剥夺的"自然"的绝对生命；有两种社会，罪恶的社会，美好的社会；有两种自由，想得到一切的、想干什么就干什么的自然的自由，还有服从公意的自由；有两种感觉，来自外界刺激产生的感官的印象，还有来自内心体验的感觉；有两种偏私，"个别意志"是自私的本性，"公意"之所以公平正义是因为它出自偏私的天性；有两种规则，既强调"全体一致"，又同意"多数原则"；在《爱弥儿》里描绘对个人自由的渴望，在《社会契约论》里却大谈国家绝对主义；谈爱弥儿的教育时要他远离社会，谈人类共同体时要每个人融入社会；一面说组成社会必须"自愿结合"，一面又说如若反对就强迫服从；有两种"可完善性"，一种行善，一种作恶；一面想方设法钻进上流社会与之同流合污，一面又竭力鞭挞上流社会的腐败和荒淫……。

卢梭的自相矛盾之处是真实存在的，但出于同一个根，统一在这个根上。远远看去像是两棵树，其实是完整的一棵树。

下面，再介绍一位受卢梭影响的著名学者，那就是约翰．罗尔斯。

阅读罗尔斯所著《正义论》（何怀宏、何包钢、廖申白翻译），不免让人们想到卢梭。

他们都提到"社会契约论"，而罗尔斯则自认为提出了"使传统的契约论更为概括和抽象的"理论即"正义论"（第3页）。他们都是为了实现良好社会的理想，卢梭把他的社会契约看作良好社会的"基本大法"，罗尔斯把他的"正义论"式的社会契约看作是构建良好社会的"基本条件"。他们都把平等状态视为公平正义的社会状态，卢梭的社会契约规定要把一切权利和利益"上交"以实现平等，罗尔斯的社会契约规定权利和利益"分配"原则以实现平等，"上交"与"分配"有所不同，但都是实现平等的途径，每个人"上交一切"以后就等着分配，于是罗尔斯就来谈分配的正义。有一点不同，那就是，卢梭认定不平等既是罪恶的结果也是罪恶的原因，罗尔斯则把"不平等"放进了正义的篮子。不过，罗尔斯为了坚持"平等待人"的原则，把是否允许不平等的裁决权交给了"最少受惠者"。

这里不准备对罗尔斯理论做出更多的评论，但是罗尔斯和卢梭之间有一个共同点特别值得评析一番，即关于"全体一致"。卢梭对这一点特别重视，他说："政治体的形成必须全体一致"，"追溯到一个最初的约定"（即形成共同体时的约定），就是社会公约："唯有一种法律，就其本身而言，必须要有全体一致的同意。那就是社会公约"。

罗尔斯写道："正义原则是在一种公平的原初状态中被一致同意的"（第１２页），"某些正义原则得到证明是因为它们将在一种平等的原初状态中被一致同意"（第２０－２１页），又说到他的正义理论"包括两个部分：（１）一种对原初状态及其间的选择问题的解释；（２）对一组将被一致同意的原则的论证"（第１５页），他还在其他各处多次提到"广泛接受"、"都会同意"、"广泛同意"、"普遍接受"等词语来强调"全体一致"的重要性。

他们两人的这一共同点是如此明显，连所用的文句也高度契合，一个写"最初的全体一致"，另一个写"原初的全体一致"。

卢梭说的最初状态是每个人把自身及其一切权利都上交给共同体的状态，这是一种平等的状态，每个人都一样——一无所有。罗尔斯所说的平等状态也是一种平等的状态，是等待分配的状态，是在上交一切以后，接下来要做的事情，衔接得很好。

他们两位为什么要十分强调"全体一致"呢？他们的依据之一，是说社会是个共同体，其基础就必须建立在"共有"的正义感之上，或建立在"公意"之上，没有共同的观点即全体一致同意的观点，就不能建成共同体。卢梭写道："如果说个别利益的对立使得社会的建立成为必要，那末，就正是这些个别利益的一致才使得社会的建立成为可能"。罗尔斯则说："如果说人们对自己利益的爱好使他们必然相互提防，那么他们共同正义观又使他们牢固的合作成为可能"（第5页）。两人的语句结构也是相似的，即使用"如果……，那么……成为可能"这一句型。

难道他们不知道任何社会都存在利益冲突和观念分歧吗？不是的，他们心里对此很清楚，卢梭说"个别意志总是在反对公意"，罗尔斯说："由于社会合作，存在着一种利益的一致，……另一方面……产生了一种利益的冲突"（第4页）。可见他们都承认存在着利益冲突和观念分歧，但他们仍然认为可以达致全体一致。

卢梭是这样论证的，他说当每个人把自身及其一切权利都上交以后，处在一种平等状态，"因为每个人都把自己全部地奉献出来，所以对于所有的人条件都是同等的，而条件对于所有的人既都是同等的，便没有人想要使它成为别人的负担了"，"每个结合者也就不会再有什么要求了"。也就是说，谁都不会担心有人不同意这条件，谁也不必担心有人提出自私的过分要求，因为每个人都已经毫无保留，一无所有，再也没有什么可被要求交出来的了。其实，卢梭的真实意图是，当每个人都一无所有的时候，谁还有发表异见或奋起反抗的能力呢？

卢梭还做出另一番论证，说道每个人的自私天性有两种倾向，表现出两种意志，一种是个别意志，总想占有比别人多的资源，还有一种倾向是"不比别人多但也不比别人少"，大家都一样，即表现为欲求平等的意志。当有人出于个别意志提出过分的要求时，必定会遭到抵制，于是，他写道："除掉这些个别意志间正负相抵消的部分而外，则剩下的总和仍然是公意"，意思是说，只有一种意见不会遭到抵制，即人人平等的要求，只有一种意志不会遭到反对，即人人共同的意志（公意），所以说"剩下的总和是公意"，于是，全体一致地服从公意的局面就此形成。

再看看罗尔斯是如何论证的。他假设有这样一种社会状态，称之为"原初状态"，"这一状态的一些基本特征是：没有一个人知道他在社会中的地位——无论是阶级地位还是社会出身，也没有人知道他在先天的资质、能力、智力、体力等方面的运气"。罗尔斯用"无知之幕"来形容这一特征，"正义的原则是在一种'无知之幕'后被选择的。这可以保证任何人在原则的选择中都不会因自然的机遇或社会环境中的偶然因素得益或受害。由于所有人的处境都是相似的，无人能够设计有利于他的特殊情况的原则"（第１２页）。罗尔斯所谓的无知之幕后的状态，是一种"一无所知"的状态，因而也是一种丧失了一切力量的状态，亦即"一无所有"的状态，跟卢梭要求上交一切因而"一无所有"的状态正相契合，在这种状态中，任何人都无力争夺利益，也都无力加害于人，个别意志受到遏制，剩下的总和就是公意。

卢梭提到，公民之间不得串连，不得勾结，不得结党，人与人如同陌路。罗尔斯则说："作为公平的正义还有一个特征，它把处在原初状态中的各方设想为有理性的和相互冷淡的"（第１３页）。他们两位都设想这样一种公平正义的状态——即每个人都无力、无知、冷淡，

没有竞争，没有纷争，全体一致，人人平等——总之是一种虚幻的状态，

罗尔斯对于"平等"和"全体一致"状态似乎很是偏爱，在谈到多数规则的时候，他写道："在缺少某种根本的一致意见的情况下，多数裁决则较难被证明"，"如果社会的各阶层之间存在着一种合理的信任并分享着一种共同的正义观，纯粹多数的统治就可能会相当不错地获得成功"（第２２８页）。他跟卢梭一样，把"全体一致"作为"多数原则"的必要前提。再譬如，在谈到自由问题之时这样写道："当我们的自由来自这样一些原则，即来自相互处在公平状态中的人们一致同意的原则（假若他们能全体一致地同意什么事情的话）时，我们的各种自由就确实有了十分坚固的基础"。在罗尔斯看来，当社会的成员不能达到"全体一致"之时，"各种自由"就不再有保障了。

然而，遗憾的是，人类社会的历史用大量事实证明了，历来的统治者为了维护自己的权力，都会高举"全体一致"的大旗，高喊"统一思想、统一行动"的口号，运用暴力和欺骗的手段压制不同意见、迫害异己，把暴力和欺骗纳入"公平正义"之举。这一类"全体一致"的信条，正是恶性竞争的有力武器。

按"竞争论"的观点来看，人类社会无法避免竞争、分化、差异等现象，企图消除竞争、分化、差异的思想和行为，企图实现"全体一致"的"平等"状态的思想和行为，必将给人类带来灾难，因为这种主张剥夺了人

参与竞争的权利和力量，只能拜伏在掌权者的脚下等待施舍。

　　罗尔斯不像卢梭那么偏激，至少他知道不平等现象是无法避免的，但他还是想让把"不平等"纳入平等正义的范畴，限制不平等以实现平等待人，而不是正面论述不平等现象。实际上，不平等之所以是正义的，不是因为它得到了"最少受惠者"的同意，而是因为其本身具有正当性。罗尔斯谈的是"分配"正义，但分配什么？当然是分配生存、发展所需资源，这些待分配的资源是哪里来的？当然由人们付出劳动和智慧而创造出来。由于每个人的"付出"不平等，那么每个人的"得到"也随着不平等，这应该说是正当的，或者说这种不平等分配是正当的。这种正当性已经被人们所默认，当人们在集市上交换各自的产品之时，由于产品所凝聚的劳动、智慧的不同而导致交换所得也有所不同，这种自愿交换的过程体现了不平等的正当性。可是罗尔斯却说："不能为这类不平等辩护"，或者说他拒绝认可某些不平等自身的正当性，却把正当性交由"最少受惠者"来批准。他忘记了分配的资源是付出劳动和智慧而创造出来的，"付出"是"分配"之源；如果资源分配必须由"最少受惠者"审核批准，而不是根据"付出"劳动和智慧的程度，那么这就等于由没有"付出"的人对"付出"的人进行审核批准，这难道是公平正义？因为分配的结果必将影响此后人们是否"付出"、如何"付出"的选择，由此，如果罗尔斯的这一正义原则真要实施的话，必将束缚和打击人们"付出"的积极性，这难道有利于繁荣进步？
在一些社会主义国家里，以"走资本主义道路"为罪名，
抑制个人创造性劳动的积极性，普遍出现贫穷落后的现
象，足以证明卢梭及罗尔斯所倾心的"公平正义"将使
社会走向衰落。

　　卢梭对后世的影响还会继续，任何理论都是竞争的
工具和产物，卢梭的理论还会在不可避免的竞争中继续
被人运用，所以，揭示卢梭哲学的伪民主真独裁实质始
终不能放松。

　　在任何社会里都会出现有着不同倾向的两群人，一
是在感情上倾向于弱者的人群，被称之为"左"倾，二
是在感情上倾向于强者的人群，被称之为"右"倾。两
群人之中都各有少数人走向极端，而导致"极左"和"极
右"的思想和行为。"极左"和"极右"二者都企图建立
专制独裁政权以实现他们的主张，卢梭是"极左"的代
表，希特勒则是"极右"的代表。

第三章民主是什么

　　概念，十分重要。概念是理性思维的工具和产物，如果概念搞混了，思维也就搞混了，其结果就是你的思想、你表述思想的语言文字将难以被更多的人认可、接受。概念是怎么形成的？按照经验论的主张，概念是以事实为依据，对经验加以提炼后形成的，事实、经验在先，概念在后，概念必定有其对应的事实和经验。也有这种情况，人们基于已有的相关经验，会在头脑里设想或预想某种新的事物,但那只是个粗坯,概念尚未成型,只有当设想的理念通过实践落实到可经验的事物并积累若干经验之后，概念才会逐步形成。由于实践的发展、事物的演变和经验的积累，概念也将跟着改变，在改变的前后，可能都用同一个词语来表示概念，但它们的内涵已经产生本质的变化，已经变成不同的概念，对应着不同的事物，所以应该特别注意严加区分。譬如，民主这个词语，在古代曾被用来指称希腊城邦的政治制度，在法国大革命以后又曾被用来指称"雅各宾党"建立的政治制度，现在民主这个词已被用来指称当代很多国家建立的政治体制；在这三种历史背景下，民主这个词所表示的是否同一个概念？它们是否指称同一个事物？它们是否基于相同的事实和经验？回答只能是——当然不同！所以，应该对三者做出严格的区分。有人为了贬低和指责现代民主，举出古希腊民主及雅各宾党"暴政"作为依据，把"民主会导致多数暴政"这顶帽子套到现代民主的头上，这是搞乱概念、搞乱思想的手法！

为了澄清概念、澄清思想，只有一个办法：以事实为依据，从经验中提炼出概念。面对一个概念，当人们从现实生活中经验到它所对应的事实时，人们就会对之信服，由这样的概念编织而成的思想，也会得到越来越多的信任和支持。

对于同一个事物，不同的人基于不同的实践和经验，会形成不同的概念，这就要求大家都严守以事实为依据的原则互相争辩、补充，或达成相近的认识，或做出取舍。脱离了事实和经验的争论，必将一无所获。

第一节　民主的定义

民主是什么？在今天，民主这个词所表示的概念，已经不是古希腊时代的民主概念，也不是法国大革命时期的民主概念，因为，当今民主这个概念所对应的事实和经验，仅仅是在近一百多年间才陆续呈现出来的，在此以前从来就没有出现过，这里仅举一例：在美国，法律规定妇女享有政治权利这个事实出现在二十世纪，在此以前从未有过这类事实和经验。

现代意义上的民主是一个什么概念？其定义如下：

民主是具有明显特征的一种政治体制，其两个重要特征就是：确立法律面前人人平等原则，确立人民的权力。

何谓政治体制？政治体制——是指政治权力的结构和政治权力运行的形式，所谓结构就是指政治权力如何分配、各种政治权力按何种关系结成一个整体，所谓形式就是指各种政治权力运行的规范、规则和制度。有各种不同的政治体制，它们都有某些共同的形式，譬如，各种政体都设立政府，政府握有统治的权力（包括立法权、司法权、行政权、军权、财政权、外事权等等），政府机构都由少数人作为领导人负责权力的行使，都制定法律或宪法，等等。各种政体也都有区别，这里不想谈论各种政体之间的区别，仅仅谈及民主政体与一切其它政体的区别——民主政体的明显特征是：其一，确立了"人民的权力"，而任何其它政体都不允许"人民的权力"的存在；其二，确立"法律面前人人平等"原则，而任何其它政体都建立在权利不平等的基础之上。

这一定义是从美国及欧洲一些国家民主化的实践经验中得出来的。前文曾谈到洛克对后世的影响，回顾了美国民主化的历程。美国建国初期建立了共和政治体制，那是少数人"共和"的政体，在那以后的两百年间，出现了多次政治改革，包括南北战争、第十四宪法修正案的制订、第十九、第二十四修正案的制定，等等，美国的政治精英们不再如建国元勋们那样把民主看作为暴政，达成了新的共识，把自己国家的政治体制命名为"民主"。因为他们从政治演变的进程中看到了一些不允否定的事实，他们看到少数人共享权力演变为全体公民共享权力，他们看到宪法及其它法律规定必须平等对待每一个人，看到"权力来自于人民"的理念真正落实到政治竞争之中，他们认为"民主"（人民的权力）这个语词十分贴合政治演变的成果。这些成果可以归结为两个方面：确立"人民的权力"，确立"法律面前人人平等"。确立"人民的权力"的前提是"法律面前人人平等"，而"法律面前人人平等"的原则由"人民的权力"给以支撑和保证。

"人民的权力"指什么？民主的英文写作democracy，按字面来看，可看作"人民统治"或"人民权力"的意思，但"人民统治"在中文环境里至少显得有些文理不通，似乎变成"人民统治人民"的意思，故而这个词还是看作"人民的权力"的意思为好。不过，把"人民的权力"作为民主政体的显著特征，当然不是因为字面上的意思，应该具有更为实际的、丰富的涵义。

人民的权力——是指全体公民（除特别原因外）按照法律规定的程序，定期地同时行使政治权利（如选举权、投票权等）所形成的权力。这里的"公民"是指在这个国家里出生的人或归化者，公民可用来称呼个体，人民指所有公民的集合。在民主政体中，"人民的权力"是最高的政治权力，它的职权范围是：定期任命、更换政府领导人并赋予政府领导人相关的政治权力，当发现政府领导人滥用权力、侵害公民权益之时，人民也可行使权力启动罢免程序。每个公民都拥有平等的权利共同参与行使"人民的权力"的政治活动。如果一部分公民被剥夺这种权利，只有一部分人在行使他们的权利，这是一种分裂人民的政治行动，人民被分裂了，"人民的权力"当然建立不起来。所有非民主的政治体制都只维护少数人的政治权利，只是少数人共享政治权力，不可能建立人民的权力。譬如某些国家实施一个主义、一个政党、一个领袖的统治，对于不同的思想和行为予以压制，与"法律面前人人平等"的原则背道而驰，不可能建立"人民的权力"。

第一个提出"人民的权力"的是洛克，再次温习一下他的论述：

"在有组织的国家中，虽然只能有一个最高权力、即立法权，其余一切权力都是而且必须处于从属地位，但是立法权只是为了某种目的而行使的一种受委托的权力，当人民发现立法行为与他们的委托相抵触时，人民仍然享有最高的权力来罢免或更换立法机关。……因此，社会始终保留着一种最高权力。"但是，随后洛克又指出："人民的这种最高权力非至政府解体时不能产生。"

"只要政府继续存在，立法权就决不能重归于人民；……但是如果他们曾规定他们的立法机关的期限，使任何个人或议会只是暂时享有这种最高权力，或如果掌权的人由于滥用职权而丧失权力，那么在丧失权力或规定的期限业已届满的时候，这种权力就重归于社会，人民就有权行使最高权力，并由他们自己行使立法权，或建立一个新的政府形式，或在旧的政府形式下吧立法权交给他们认为适当的新人"。这段文字是《政府论》的结语，它再一次强调了"人民的权力"和"人民行使最高权力"。

洛克之所以抱有这样的观点，是因为他根据文献资料设想，国家和政府是人类社会发展到一定阶段人为地创建出来的，他说在"国家最初创始"时期，"在统治者和人民之间不发生关于统治者和政府问题的斗争"，可是到了后世，"人们发觉有必要更加审慎地考察政府的起源和权利，并找出一些办法来限制专横和防止滥用权力"。他要论证，一切政府及其统治权，都是经过人民的同意和授权而产生的；他要创设一种新的政治体制，阐明政府及其统治权如何由人民的同意和授权而产生；他要论证，"限制专横和防止滥用权力"的最有力的办法就是行使"人民的权力"。

有为数不少的学者提出质疑，譬如美国学者萨托利在《民主新论》中写道："'民主就是人民的权力'这一前提不但效用不大，而且从一开始就是个不清楚的前提"，"今天的'人民'代表一个无定形的集合体，一个高度混乱和分化的社会，总之，是一个失范的社会"（３８页），"仅仅包含着人民权力观念的民主理论只够用来同独裁者权力作战，一旦打败这个敌人，自然而然移交给人民的不过是名义上的权力"（４３页）。

苏联、东欧共产主义政权倒台以后，"人民"这个词语变成矮化的对象，共产主义者把"人民"当作符号或标签到处宣扬，却因其专制腐朽的统治致使很多人厌恶"人民"这个词；自由主义右翼又把"人民"说成是"含混不清的概念"而失去了它的意义；有些人甚至发明一个新词"拜民教"，用来鄙视"心系人民"的群体；有些人宣称："人民就是暴民"，等等。诸如此类的言论竟然营造了一种氛围——谁还在念念不忘"人民的权力"，那就是幼稚无知的表现。

于是，"民主"的那个"民"，被挖空了，被消隐了，"民主"的光辉被抹掉了，学者们忙着寻找各种政治词汇来替代民主原先在人们心中的地位，譬如，"自由高于民主"，"宪政高于民主"，"共和高于民主"，"法治高于民主"，等等，不一而足。

这种矮化民主的氛围，一般民众容易受其迷惑，因为，"人民"这个词容易让人觉得有点空洞。不是有那么一句话曾被经常引用吗？——"人民？我只看见一个个的人，没看见过人民"。在有些人看来，分散居住、利益相异、意见不一、互不相识、很少来往的人们，怎么能形成一个整体？怎么能行使权力？（洛克早已论述过，处于自然状态下的人们如何形成一个整体）。

这里，我们不想从语词、概念出发，而是从事实出发来看待"人民的权力"。有件事情虽然已隔多年，但给人们留下深刻的印象。那就是 2012 年美国总统的大选，在 11 月 6 日及以前的一段日子里，美国的公民按照法定的规则和程序参与这一重大政治活动，每个公民自由地、平等地行使权利选择总统候选人。竞选的双方即奥巴马和罗姆尼及其团队，都各自在营地彻夜等待，等待什么？等待裁决，他们心中都有这种感觉和理智，即在他们之上有一个高于他们的权力，他们能否当选的命运掌握在拥有这个权力的裁决者手中，他们紧张地、惶恐地、焦急地等待着，并时刻准备服从这最高权力所做出的裁决，那不是多数人或少数人的决定，而是全体美国人民作为一个整体做出的决定。罗姆尼在承认失败后的演说中说了一句话："这对于美国来说是一个胜利的时刻"。他明明只获得少数票，他明明是竞选的失败者，却把"失败"称之为"美国的胜利"，在他的心中，美国人民是一个整体，尽管有分歧而形成多数意见及少数意见，但仍然是一个整体。美国不只有罗姆尼才抱有这样的信念，他只是千千万万个美国人的代表，代表着美国民主的伟大精神，彰显着民主的真谛！

那么，是谁在做出裁决？是谁握有这种权力？使各派政治势力都服从的权力是什么权力？恐怕只有一种回答——那就是人民的权力，那是人民在行使权力。无论你有各种各样的什么疑惑，你不可能做出第二种回答。人们可以设想一下，如果没有这样一个由人民行使的最高裁决权力，美国的两大政党的争斗将会怎么样？如果美国抱有雄心的政治精英们不服从这个权力的裁决，将会怎么样？如果选举可以操纵、投票结果可以随意推翻，将会怎么样？如果有一派政治势力声称那是"多数人的决定"，不代表人民的决定，并"揭竿而起"组织暴动，将会怎么样？可以设想，什么代议制度、三权分立，什么自由选举、多头政治，都将一风吹！到那种时候，那些渴望成为党阀、财阀、军阀、独裁者的政治精英们，终于可以施展他们的能耐了！

权力，是让人们服从的力量，权力是可以由人来行使的力量。各派政治力量争夺权力的竞争如果没有其它权力作为裁决者，就只有付诸武力，进行你死我活的争斗，什么神授、天授、天意、民意等等都无法阻止这种恶性竞争，只有民主政体树立起高于各派政治力量的权力，竖立起各派政治力量都服从的权力，那就是由全体公民来担当裁决者。实践证明，这是可以通过可操作的政治活动来实现的，可以通过宪法及其它法律确立规则和程序，由全体公民自由平等地共同参与，从而实施人民行使"人民的权力"的这种政治安排。从以上事实出发，能说"人民的权力"是"名义上的"？能说"人民的权力"是空洞的？

反对者总会想出种种理由来否定，譬如有人说，投票率只有百分之六十，哪来"全体公民"？譬如有人说参与投票有年龄限制，哪来"权利平等"？那么请问，没有投票的人是因为受到压制或威胁了吗？他们不投票是出于自己的意志吗？一般人都会认为他们这一行为是自愿的，或者说，这相当于弃权。应该说这是正常的行为，不论出于什么具体的原因，或身心无力，或远在外乡，或对政治不感兴趣，或对现实表示不满，总之都属于允许的范围。难道，规定投票率必须百分之一百，谁不投票以"颠覆罪"论处，这才算称得上"人民的权力"？再请问，婴儿可以投票吗？人们会反对，因为这导致其父（母）拥有两票。那么，几岁可以投票？人们意见纷纷，经过协商做出决定，同意法律应该定出年龄限制。以上都是从实际出发经过思考可以解决的问题，但偏偏有些学者，甚至是大学者，要施展他们的智慧发明这些问题来纠缠，搞乱人们的思想。

人民这个词，是指在一定区域内生活的所有人的集合，如上海人民，中国人民，世界人民等等。但当在政治语言中使用"人民"这个词（如"人民的权力"、"人民共和国"等）时，它就被赋予另外的涵义。譬如，美国宪法的序言中开头就是："我们合众国人民，为建立更完善的联邦，树立正义，保障国内安宁，提供共同防务，促进公共福利，并使我们自己和后代得享自由的幸福，特为美利坚合众国制定本宪法"。"人民"在"制订宪法"，这是什么意思？就是说，人民在进行一项政治活动，人民作为一个整体在行动。不论是建国初期的共和政体还是以后的民主政体，宪法这句开篇名言始终如一，类似美国宪法中使用"人民"这个词的情况不仅于此，都是赋予它另外的涵义，譬如看作是某种整体的涵义。

不过对"整体"有两种解释，一种把整体解释成"一种公共人格"、"道德人格"或"思维中的存在"，每个个体被融合其中，"并不感到自己的存在"，这就是卢梭心目中的人民的整体，历来的专制独裁者都把这样的"整体"当作符号或标签去蒙蔽大众。另一种把人民看作是独立、自由、平等的个体结合而成的整体，每个个体之间有差异、有纷争、有岐见，洛克写道："当某些人基于每个人的同意组成共同体时，他们就因此把这个共同体形成一个整体，具有作为一个整体而行动的权力。而这是只有经大多数人的同意和决定才能办到的"。

当一个国家的人民在"法律面前人人平等"的前提下建立起"人民的权力"之时，那里的每一个独立、自由、平等的人就形成一个整体，那里的大多数人都对宪法怀有共识，都怀有对国家的认同感，那样的国家就将是稳定繁荣的国家。但是当这样的国家里的"极左"或"极右"的少数人嚣张之时，将出现人民的分裂、整体的撕裂，将导致国家的衰落。

民主的另一个特征是确立"法律面前人人平等"。不少人对"法律面前人人平等"这一原则有所误解，以为这是指法庭判案时须遵循的原则，等于是把该原则改成"法庭面前人人平等"，对此必须加以纠正。这一原则的首要意义，是指法律必须是平等的法律，譬如美国建国时期的法律剥夺了大多数人的政治权利，就是不平等的法律，直到第十四修正案出台，美国宪法用法律条文确立了这一原则。后来又有国际公约确立了这一原则。如"公民权利和政治权利国际公约"第二十六条："所有的人在法律面前平等，并有权受法律的平等保护"。试问，如果法律本身是不平等的，例如规定黑人没有选举权，那么当黑人去法院申诉时，法官根据法律就判黑人败诉，这一判决在今天看来当然应该被看作违背了"法律面前人人平等"，但在过去被认为法庭是遵循法律做出的判决。这表明，法律首先必须是平等的法律，法庭才可能实现公正，才谈得上"法庭面前人人平等"。

"法律面前人人平等"原则，是人类社会经历千万年的惨痛教训以后才好不容易确立起来的，而且还只是刚刚开始，远远没有达到彻底落实的程度，甚至可以说，或许人类永远无法彻底落实这一原则。如果说民主有脆弱的一面，那么就在于这一原则很容易被侵蚀、被抛弃。

人的本性使得一些人总认为自己高人一等，总认为自己是社会中最优等的人群，总认为自己应该拥有比次等人群更多的权利，他们深知，在竞争中拥有更多的权利会让他们更占优势，而使那些无法拥有同等权利的次等人群更处劣势。

人的本性使得一些人把暴力和欺骗看作是他们的癖好和专利，如果"权利平等"确能同等地保护每个人不受侵害，那么这些人的专利就会一无用处，他们会对"法律面前人人平等"原则当作敌人那样怀恨在心，千方百计地腐蚀和破坏这一原则。

人类若盼望建立良性竞争的秩序，建设长治久安的良好社会，那么就该牢牢记住，必须确立"法律面前人人平等"原则，并且要记住，必须豪不放松地坚守这一原则。

在这一节的最后，要回答"什么是伪民主？"的问题。伪民主是指以民主为幌子实施专制独裁统治的一类政治体制。这类政体的主要特征在于：一是，其统治者自称代表"人民"实行专制，二是，他们强调"全体一致地"服从其统治，若有不服者、反对者、与之竞争者，一律对其实施专制，剥夺其一切权利。或者说，他们必

定反对"法律面前人人平等"原则，不允许任何人跟他
们平起平坐地享有同等权利，因为如果允许不服者、反
对者、与之竞争者拥有同等权利，他们将可能失去权力。
三是，他们必定反对公开、公平、自由的选举，决不允
许存在任何高于他们的权力，或者他们表面上安排一些
投票活动，却在内部预定候选人和获选人以操纵选举。

第二节　　哈耶克有关民主的言论

　　直至今日，歪曲和贬低民主的言论从未停止过，未
来亦将如此。为了澄清和深入理解现代民主的概念，对
这些言论加以评析，显得十分必要。本书将选择具有很
大影响力的理论大家的言论作为评析对象，先谈哈耶克，
后论刘军宁。

　　哈耶克是一位有杰出贡献的学者，但正因为他受到
许多人的敬重，所以他有关民主的不当言论能产生巨大
影响，理应予以澄清，以利于坚守民主的理念。

　　哈耶克的《自由秩序原理》（邓正来翻译）一书中，
第一部分第七章标题为："多数统治"。他给民主下了个
定义："'民主'（democracy）一词的含义颇为宽泛且相
当含混。但是，如果我们对它做严格的限定，并只用它
来指称一种统治方式——例如多数统治（majority
rule），那么它所指的问题就显然不同于自由主义所指的
问题了。"此话虽然说得有点圆滑，但意思还是清楚的，
即他对民主下了"严格"的定义——民主就是多数统治，

为一种统治方式。

统治这个词，是指统辖、管理、治理等等的意思，所以，一谈到统治，人们都会明白，是指政府的作为，而且主要是指被赋予权力的政府领导人的作为。政府是一个机构，其人员在全国人民当中仅占极少数，而政府的领导人的数目则更是少而又少，实施统治的人总是少数，这恐怕是从古至今中外各国的普遍现象。在任何国家里，统治者总是少数人，被统治者则总是绝大多数人。多数人统治少数人这种现象，纯粹是人脑想象出来的虚幻情景。

哈耶克又写道："自由主义乃是一种关于法律应当为何的原则，而民主则是一种关于确定法律内容的方式的原则"，此话表达的意思有好几层，后文将会涉及，这里要指出其中一点，即他不但把民主定义为"多数统治"，又把民主说成是"方式的原则"，而"方式的原则"就是他一再提到的"多数投票决定"的原则，"决策应当由多数做出"的原则或"多数同意的原则"等等，于是民主就等同于"多数原则"。哈耶克又化费了大量笔墨来揭示"多数原则"的弊病，以论证民主的弊病。

在英文中，上文提到的"majority rule"这个词可翻译为多数统治，也可翻译为多数原则。这容易造成一种错觉，似乎，"多数统治"与"多数原则"是同一回事，民主既是"多数统治"又是"多数原则"。这显然是有意混淆，"多数统治"是个政治用语，而"多数原则"则是在许多领域广泛使用的语词，其本身不具有政治性含义。

哈耶克故意混淆二者，无非是要从"多数原则"开刀，解剖民主政体，以暴露其"病灶"。

哈耶克对"多数原则"的评价似乎带有一种"恨意"。以下是他的某些言论：

"当数种相互冲突的意见并存且只能有一种意见胜出的时候，又当为了使数种意见中的一种意见胜出而且为了做到这一点甚至有必要采取强力的时候，以点人头的方式（即投票的方式）来确定何种意见得到了更大的支持，要比采取战斗的方式成本更低。民主乃是人类有史以来发现的唯一的和平变革的方法。"这里提到多数原则是一种"采取强力"的方式。

"在要求采取国家行动的时候，尤其在不得不制定强制性规则的时候，相关决策应当由多数做出"，这里提到多数原则被用来达到"强制性"的目的。

"政府所做的任何事情都应当得到多数同意的原则，未必就规定了多数在道德上有资格为所欲为。任何多数通过制定一些有利于其成员而歧视他人的规则来赋予其成员以特权的做法，便显然是没有什么道德根据的"，这里提到"多数"的"有资格为所欲为"。

另外，在一段三百多字的论述中，哈耶克五次提到"多数意志的强行实施"，其中说到"多数意志的强行实施所具有的强制品格、垄断品格以及排他品格"。

从以上摘引的文字中，我们可以看出，哈耶克心中的多数原则，是一种具备"强制"品格的原则，是"采取强力"的方式。尽管他承认民主"乃是人类有史以来发现的唯一的和平变革的方法"，但他仍然认为这是"采取强力"的方式，只是"成本更低"而已。他不但认为多数原则具备"强制"品格，而且还强调它有"垄断"和"排他"的品格，并且提醒人们：它将为"多数"的成员"歧视他人的特权"提供道德依据。正是基于所谓"多数强制"的论点，哈耶克想象出有关民主和多数原则的种种缺陷，对此，必须予以澄清，首先，很有必要论述一下什么是多数原则。

多数原则是一个运用十分广泛的规则，自古至今，遍及各种领域。在古希腊，斯巴达的五个执政官通过表决来做决定；伯罗奔尼撒联盟的成员有一个约定，同意按多数原则来做决定；雅典公民大会、罗马共和国的百人团和民众大会等，都用投票的方法来做决定；在十二、三世纪，意大利城市公社官员选举和教皇选举采用多数原则；教会法，跟德国法一样，多数原则被看作是"为达成必要的全体一致而施加在少数上的同意义务"；英国的《大宪章》的执行条款中提到多数原则……。在各个时代里，日常生活、社交活动、文化、体育活动、经济活动、政治活动等群体活动中，人们都会运用这一规则，以至有德国的一位学者奥拓．冯．基尔克开玩笑地说："除了婚姻大事，多数原则没有什么领域不可应用的"。（参阅 2008 年 11 月 12 日《法师网》的文章《多数决原则的历史》，张卓明翻译，原作者是美国学者 John.Gilbert.Heinberg，原文发表在《美国政治学评论》1926 年第一期）。

　　十七世纪的英国哲学家霍布士在《利维坦》中写道："他如果是自愿加入这个一群人组成的群体，这一行为本身就充分说明了他的意愿，也就是以默认的方式约定要遵守大多数人所规定的事情。"这是说，遵循多数原则是自愿组成群体的每个成员"他的意愿"和"默认的约定"，只要他承认属于该群体的一员，就同时"默认"多数原则。

　　洛克在《政府论》中写道："当每个人和其他人同意建立一个由政府统辖的国家的时候，他使自己对这个社会的每一个成员负有服从大多数的决定和取决于大多数的义务。"这里是说，遵循多数原则是按契约组成国家的每一个成员"使自己"负有的义务。这与上面提到的"教会法"、"德国法"及霍布士的说法是一致的：只要他承认自己属于该群体的一员，就同时承认了这一义务。

　　洛克认为，多数原则是一个"自然的、理性的原则"，他写道："假使在理性上不承认大多数的同意是全体的行动，并对每一个人起约束作用，那么，只有每一个人的同意才算是全体的行为，但是，要取得这样一种同意，几乎是不可能的。……如果基于这样的条件而进入社会，那就只会像伽图走进戏院那样，一进场就出去。这种组织将会使强大的利维坦（即国家）比最弱小的生物还短命，使它在出生的这一天就灭亡；除非我们认为理性的动物要求组织成为社会只是为了使它解体，这是不能想象的事情。"

　　由上所述，可以得出有关多数原则的几点认识：

第一，多数原则，是群体在必须做出全体成员一致遵循的决定时所采用的规则之一。任何群体都需要制定要求其成员一致遵循的规则，无此，则无法实现群体行为。但是，任何群体的成员之间存在着利益和意见上的差异和分歧，那么怎样才能从"差异和分歧"走向"一致遵循"？从人类已有的实践经验来看，"多数原则乃是唯一的和平的方法"。还有一些其它方法，譬如，有些人会采用暴力、欺骗、威逼利诱等手段，迫使其他人服从他们的意见，这就导致冲突和乱象，因此人们普遍赞成采取多数原则这种"唯一的和平的方法"。

第二，多数原则是"自然的、理性的原则"。首先，人们都清楚，多数的力量比少数的力量大，这是自然的优势；其次，各种意见中，只有多数人的意见是唯一的一种，而少数人的意见却可能有几种，这种"唯一"，对于"做出选择"而言，也是其自然的优势；再次，在做出决定后予以执行的过程中，因多数人赞同而阻力最小，有利于贯彻。以上几点表明，"多数"具备自然的优势，选择多数意见有利于维护群体的稳定和团结。

人们从理性上很容易认识到多数原则是一个公平的原则，因为遵循该原则做出选择的依据是"多数"，是数量，是人数，也就是说，它不以其它的因素作为选择的依据，舍去了人与人在权力、财富、名声、地位以及才能、知识、性别、种族等方面的差异和区别。每个人的意见（一票）对群体选择的结果起着同等的作用，都是等同的"一"。舍去以上种种差异的"平等"，正是多数原则能够有效实施的前提，如果不具备这种"平等"前提，多数原则将失去效用；譬如，当群体的每个成员的投票权被不平等对待时（被剥夺、被限制、被收买、被篡改等），将会出现少数人控有多数票的结果，这少数人的意见将被当作"多数意见"。所以，当群体的每个成员在参与意见并做出决定的活动中拥有平等的自由权利的时候，当每个人的投票权不再因为与他人有上述那些差异而受到不公平对待的时候，才能有效运用多数原则；这种"平等"即成为采用多数原则的前提，否则投票结果与多数原则无关。这就是为什么人们很容易从理性上予以认同：多数原则以"一人一票"为前提，所以是一个公平的原则。哈耶克把多数原则说成是具备"强制"品格的原则，是"采取强力"的方式，那是没有道理的偏见。

第三，多数原则中的"多数"，是指"多数人赞同的意见"，不过这"多数人"是多少人，是些什么人，所赞同的是哪种意见，在投票结果统计出来以前都是"未知的"。几十人组成的群体，每个人一一表态，发表意见，用不了多少时间就可知道结果，但在其过程中，谁也不知道究竟哪个意见将得到多数人的赞同，甚至在最初认为有可能被多数人赞同的意见，最后一刻却又被其它意见取代了，这种结果是无法预定的。至于由几十万、几百万、几千万、几万万人组成的群体，其投票活动的结果更是无法预知。也正因为"未知"，所以才需要投票，并统计出结果；如果是"已知的"，那还有必要投票吗？

还需要用到多数原则吗？那么，是不是会发生"结果已知"的情况？那只有在下述情况下才有可能：采用暴力、欺骗、作假等手段，操纵和控制投票过程，把"预设的结果"强加于群体成员，这种虚假的选举倒是真正具备"强制"的品格，跟多数原则没有丝毫关系。另外，正因为运用多数原则的结果是"未知的"，所以也就不存在把结果强加于人的"强制"品格。

第四，多数原则不等同于"少数服从多数"。在遵循多数原则做出决定以后，"少数"当然应该承认这是一个共同的决定，应该在行动上服从这一决定。但他们无需改变自己的意见，可以坚持并继续传播自己的意见。多数原则是在未知结果之前所有人都接受的"游戏规则"，是为了妥善解决各个派别的矛盾、维护整体利益而得到各方同意的"游戏规则"，所以说"少数"服从的是原则，是整体利益，而不是"多数人"。

第五，多数原则与"最优意见"无关。哈耶克认为："我们没有理由认为多数决策具有一种更高的超个人的智慧，因为在某种意义上讲，只有自生自发的社会发展所达致的成就才可能具有这种智慧。多数决议亦绝非是生成这种超越性智慧的所在。我们甚至可以说，多数决议一定不及一些最明智人士在听取各种意见之后所做出的决定，因为多数决议往往是考虑欠充分的产物，而且一般都是不能令任何人感到完全满意的妥协之物。"

"在人们形成意见的过程中，完全可能发生这样一种情况，即在一种意见成为多数意见时，它已不再是最

优的意见，因为在这个时候，一些人的观点有可能已经
发展到了超过多数所能达致的水准。"

在哈耶克看来，多数意见是"考虑欠充分的"，"谁
都不完全满意的"，不是"最优意见"，"绝非出于超越性
智慧"，因而多数原则是不能令人满意的，是有缺陷、有
不足、有局限的。他认为，由"最明智人士"做出的决
定优于多数决定，因而才是令人满意的。

实际上，多数原则并不具备选择"最优意见"或"超
越性智慧"的功能。多数原则是一种选择的原则，选择
的依据是"多数"，是数量，是人数，也就是说，它不以
其它的因素作为选择的依据，舍去了人与人在权力、财
富、名声、地位以及才能、知识、性别、种族等方面的
差异和区别。所以，面对多种不同意见，在运用多数原
则时，只是比较各种意见持有者的人数，并不比较所持
意见的"优劣"，并不比较所持意见者的智慧高低。既然
按多数原则选择的意见与是否"最优意见"无关，那么
哈耶克是在对自己想象的目标开火。

有什么办法能像哈耶克所要求的那样，选出"最优
意见"或"超越性智慧"呢？恐怕这是永远也做不到的
事情。事实是，人人都可能宣称自己的意见是"最优意
见"，与此同时，人人都可能否认他人的意见是"最优意
见"，在这种情况下，其结果就是没有"最优意见"。人
世间永远不会出现唯一的、恒久的、绝对的真理。

哈耶克相信有什么"最明智人士"，那只是自我吹嘘
的名头，根据什么来裁定某人是"最明智人士"？由卢

梭来裁定，由哈耶克来裁定？或是由上帝来裁定？在人群中，肯定存在较为明智的人物，但不可能存在"最明智人士"。或许有个办法，就是让一批"较为明智的人士"在一起投票，选出"最明智人士"，可惜这办法必定遭到哈耶克的反对。

那么，难道我们只能按"量"选择而放弃按"质"选择了吗？当然不是，我们的目的当然是要把各种公共事务处理得好上加好，尽量接近增进公共福利的目的，我们当然要求我们的意见、观念和思想愈来愈接近这一目的，形成一个在"质"的方面有所发展的过程，问题是我们怎么才能达到这一目的呢？

我们可以描述一下做出决定以后的情形，人们按所选择的意见付诸实践，并随着实践逐步推进，根据其结果判断该项决定的优劣程度，然后，或加以调整、补充，或予以修改，甚至推倒重来。这是一个不断反复的过程：各种意见竞争——做出决定——付诸实践——各种意见竞争——再做出决定——再付诸实践，如此反复；当然，这也是一个和平的、公平的竞争过程，在这一过程中，人们将公共事务处理得愈来愈好，愈来愈接近增进公共福利的目的。其中，每一次"做出决定"的环节，只能采用多数原则；而每一次的决定，也都是在前一次的多数决定经过实践验证的基础上做出的，也就是说，每一次的多数决定的环节，与随后实践验证环节相联接，每一次实践验证的结果又与下一次的多数决定环节相联接，如此不断反复，形成了一个渐进的、永无止境的过程，在这种过程中,人类的思想和行为取得愈来愈多的成果,在"质"的方面取得进步和发展。

当然,以上所描述的情形基于一个不可缺的前提,即每个人享有独立、自由、平等的权利,一旦这一前提被消除,"质"的进步和发展路径也被阻断了。

哈耶克有句话,倒是不自觉地说对了:"正是因为我们尚不知道众多竞相冲突的新观点中何者将被证明为最佳的意见,所以我们才须等待,直至它获致足够的支持。"他无意之中说出的"获致足够的支持"指什么意思呢?不就是"得到多数人的赞同"吗;他所说的"被证明为最佳的意见"指的就是"获致足够的支持"的那个意见,不就是"得到多数人的赞同"的那个意见吗。哈耶克不得不承认所谓的"最佳意见"是跟"多数意见"有关联的,也不得不承认竞争的目标就是"获致多数人赞同",实际上正是这一目标提供了反馈机制,促进"质"的优化过程。

哈耶克把"多数意见"与"最明智人士"的意见相对立起来,上文已经说过不存在"最明智人士",此外,还要指出哈耶克没有看到多数原则与明智人士的关系。试想,多数意见是如何形成的?难道是"多数派"中的所有人一下子同时在自己头脑里产生了同一个意见?这当然不可能。参与竞争的各派意见,都有一个相似的形成过程:起初总是由少数"明智人士"提出一个初步意见,经过宣传、讨论、修改、补充,逐步定型,并以这少数"明智人士"为核心形成一个派别。所以,参与竞争的各种意见，包括后来作为决定的多数意见，都体现着"明智"人士的智慧，都包含着"明智"人士的意见，或者说，各个派别都是少数"明智人士"带领着支持他们的群众共同组成的，各派别的竞争实质上反映出了"明智人士"之间的竞争，没有"明智人士"的意见就不会形成"多数意见"，"明智人士"的意见得不到多数人支持也就没有出头之日。哈耶克没有看到问题的实质：真正的"意见对立"或竞争，是发生在"明智人士"之间，而不是在"明智人士"与"多数人"之间。

哈耶克在这本书里，常常提到一个短语即"自生自发"，他用它来描述观念发展或思想发展的过程，实际上，以上描述的过程也可以说是"自生自发"的过程，这就是：各种意见竞争——做出决定（按多数意见）——付诸实践——各种意见竞争——再做出决定（按多数意见）——再付诸实践，如此反复，这是一种渐进的、永无止境的过程，在这种过程中，人类的行为取得愈来愈多的成果，人类的思想在"质"的方面取得进步和发展。可是哈耶克却把"多数决定"与"自生自发"互相割裂开来，甚至认为二者互不相容，他的以下言论表明这一点：

"多数决策的过程不应当与那些自生自发的过程相混淆，而自由社会也渐渐认识到，只有后者才是产生诸多远优于个人智慧所能达致的观点的源泉。"

"一些人认为，所有人的努力都应当受多数意见的指导，或者说如果一个社会能较严格地遵循多数确立的标准，那么这个社会就会更加和谐美满。然而，这种观点实际上却是与文明据以发展的原则相悖的。这种观念若被广为接受，极可能导致文明的停滞，如果不是衰退的话。"

"多数意志的强行实施完全不同于习惯与制度得以生成的自由发展进程，因为多数意志的强行实施所具有的强制品格、垄断品格以及排他品格，完全摧毁了其内在的种种自我纠错的力量，然而正是这些自我纠错的力量在自由社会中能使错误的方案被放弃，使成功的努力得以处于支配地位。"

"如果将现在的多数意见视作多数意见应当是什么的标准，那么这无疑会使观念发展的整个过程循环往复，陷于停滞不前的状态。"

我们认为，与哈耶克的说法恰恰相反，在人类思想、观念发展的进程中，多数原则起着重要作用，正如上文所论证的，遵循多数原则就是以"获致足够的支持（多数人赞同）"为目标，提供了反馈机制即自我纠错的机制，抹杀这一点才是"导致文明的停滞，如果不是衰退的话"。

接下去的问题就是，哈耶克为什么要在多数原则上化费那么多的精力？为什么他对"多数"有着如此反感的情绪？他的目的究竟是什么？

让我们看看哈耶克心目中的"多数"究竟指什么。

哈耶克的《自由秩序原理》一书中，第八章的标题是："雇佣与独立"。在该章一开头，哈耶克写道："我们当下的社会"，"大多数人已作为各大组织的被雇佣成员"，"独立者于当下只构成社会成员中极小的一部分"。在这里，哈耶克把现代社会的成员划分为两个阶层或阶级：
"被雇佣者"和"独立者"，有时哈耶克把前者称之为"多
数"，后者则为"少数"，有时称前者为"依附者（the
dependent）和无产者"，有时则用"此一阶级"来指称。

　　把社会成员分为两个阶层或阶级以后，哈耶克用对
比的手法论述了他们之间的区别：

　　一是，关于独立者与被雇佣者的人格区别：

　　独立者"在维持其生活的活动方面都是独立的自我
经营者"，被雇者使用着"不是自己所有的资源，而在很
大的程度上是根据别人所给的指令行事"。"被雇佣者的
自由，依赖于地位不同于被雇佣者地位的另一部分人（即
雇主）的存在"。

　　二是，关于"对自由的运用"的区别：

　　"独立人士在发挥其作用时所必不可少的对自由的
运用，在被雇佣者那里却被视作无甚必要"，由于"被雇
佣者在生活中几乎没有进行决策的机会"，所以"他们的
自由乃依赖于其他人（即雇主）能够进行决策"。

　　三是，关于能力、才干方面的区别：

　　被雇佣者可能会表现得"认真、勤奋、和明智"，但
是被雇佣者却很难像独立者那样具有创造力或实践力。
"被雇佣者只会去做分派给他们的工作，除此以外的其
他工作他们都不会去做"，被雇佣者的工作是"如何使自
己适应并融合入一给定的框架之中的问题"，"然而对于
独立者来讲，工作则是一个建构及重构生活计划的问题，
亦即针对不断出现的困难寻求解决方案的问题。"

四是，关于某些观念方面的区别：

"被雇佣的事实，不只会影响一个人的原创力和主动精神，而且还将在下述方面影响被雇佣者"，他们对独立者"所承担的责任，几乎一无所知"，他们对独立者的"生活方式和生活态度，也不甚了解"，他们在"什么是收入"、"如何把握机会"，以及"如何取得成功"等方面的观点，"与独立者的观点之间的分歧尤为凸显。"

五是，关于如何确定报酬的区别：

哈耶克写道："被雇佣者的价值和利益，必定会与那些承受着安排资源使用的风险及责任的人士的价值及利益不尽相同"，他继续写到："被雇佣者与独立者之间的最大的区别"，"即不同服务的恰当报酬应当以何种方式加以确定"，报酬的问题，关系到财富的分配和占有，当然有其明显的重要性，哈耶克对此比较重视。他指出："雇主往往是根据某些确定的品行标准来决定被雇佣者的报酬，而不是根据他工作的实际结果来确定他的收入"，所以，被雇佣者"根据其他人认为他所应得者来确定一个人的报酬"，但是由他人"按品行决定报酬"的这一原则，仅适用于被雇佣者，"却无法适用于那些根据自己意志主动行事的人（即独立者）"。哈耶克认为："受欢迎和被尊重，与挣大钱一样，都不完全取决于品行"，他还说，"自由人（即独立者）的标志乃是其生活并不依赖于其他人对他品行的看法，而只依赖于他给其他人所提供的产品或服务。"

以上区别，涉及到生活、工作、才能、关于自由的观念、关于报酬的观念（财富的分配和占有）等等方面，反映出两个阶级在有关"价值和利益"的观念上的差别，这相当于勾画出了这两个阶级的"阶级属性"。在这基础上，哈耶克又论述了两个阶级对社会及其文明所起的不同作用。

哈耶克十分赞赏"独立者"阶级的贡献，他写道："他们的存在乃是维护竞争性企业结构的一个基础性条件"，"他们在自由社会中会具有更为重要的作用"，独立者"在文化娱乐活动、艺术活动、教育及研究、自然环境保护及历史文物保护等领域，尤其是在传播政治上的、道德上的及宗教上的新观念的领域中处于领导地位，可以说极其重要"。而另一方面，他又说："几无可能期望多数（即被雇佣者）在这方面起领导作用"。

他还写道："虽然独立的财产所有者对自由社会的经济秩序有着极为重要的意义，但是他们在创造和传播思想及观念或者倾向及信念等方面的重要性可能更大。如果在一个社会中，大多数知识界领袖、道德捍卫者及艺术先锋人士都属于被雇佣者阶层，尤其是为政府所雇佣，那么这个社会的缺陷就太严重了。"

总之，哈耶克认为独立者阶级与被雇佣者阶级对社会的所起的作用正好相反，前者的存在有"极为重要的意义"，而后者的存在则是"严重的缺陷"。

哈耶克对"独立者"的赞赏甚至达到了"歌颂"的地步，他写道："在历史的长河中，往往是在孤独的先锋人士为了唤起公众的良知（public conscience）而贡献出了他们的生命及财富以后，人们才渐渐认识到他们所为之献身的一系列伟大事业。"他还写道："废除奴隶制、刑法及监狱的改革、制止虐待儿童和动物、或给予精神病患者以更人道的待遇等等，……上述所有的努力，曾经在很长的一段时间中只是极少数理想主义者的希望，换言之，正是这些少数人士竭尽全力地变革着极大多数人关于某些习惯做法的定见，最终才达致了上述成就。"这段话虽然讲出了一部分道理，但其明显的片面性则令人惊讶，这等于在说，奴隶们对奴隶制已经习惯了，已经形成"定见"了，奴隶们并不向往和追求自由，改变和废除奴隶制只是"孤独先锋人士"的希望，是"少数人士竭尽全力地变革着"奴隶的习惯和定见，才使奴隶们觉悟到什么是自由，才感恩地接受废除奴隶制的结果，哈耶克竟然怀有这样的偏见，十分生动地表露出他对大多数人抱有极端的歧视。

少数人、独立者、精英，不管怎样称呼他们，这一阶层对社会的贡献应当予以肯定，但是，人类历史上记录的种种罪恶和灾祸，也正是这些少数人为首制造的，哈耶克却装作视而不见。

看到以上哈耶克对这两个阶层或阶级之区别的论述，难免使人联想起马克思主义者采用"阶级分析"的方法对"无产阶级"和"资产阶级"所作的区别，马克思主义者把一切好的、善的、美的、高尚的属性归之于无产阶级，而把一切坏的、恶的、丑的、腐败的属性归之于资产阶级。哈耶克有意与他们反其道而行之，不过使用的方法却十分雷同。

把社会成员粗略地划分为两个阶层（或阶级），是社会学或政治学的一种研究方法，运用这种方法，对社会现象大致地做出某种解释或理解，是有用的、有启发性的，但恐怕必须注意其适用范围，"粗略的区分"只能对应"大致的解释和理解"。特别到了现代，人与人的思想交流及传播非常活跃而又快速，人与人的相互交往十分广泛而又复杂，人们的身分转换有着多种机会和可能，以致这种研究方法的适用范围就更加应该严格限制了。马克思主义者在运用阶级分析这一方法时，显得简单、刻板，不恰当地扩大其适用范围，不但把所有人划分为阶级，还把人性都简单地归结为、凝固为"阶级性"，把"阶级的烙印"刻到每一个人的身上，只要判定某一个人所属的阶级，就可断定他的思想、立场、观念、感情、偏好、品格等等，众所周知，按这种思想方法所设计的政治实践导致大量人间悲剧的发生。可是，哈耶克却与他们同样地采用了与之类似的方法，不得不令人遗憾。他不但划分出独立者和被雇佣者两大阶级，还勾画出两大阶级的"阶级属性"，并把他认为高优的属性归之于"独立者"，把他认为的低劣的属性归之于"被雇佣者"，这已经令人难以接受了，而更令人不安的是，哈耶克还提出了一个"神话"。

哈耶克说道："我们必须首先打破一个关于雇佣阶级（the employed class）发展的神话；尽管只有马克思主义者彻彻底底地信奉此一神话"，"这个神话认为，无产阶级的出现，乃是剥削过程的结果"（实际上，马克思主义者信奉的"神话"，是哈耶克没有提到的，即"无产阶级是大公无私的阶级"，"无产阶级将夺取政权"，"无产阶级要解放全人类"，等等）。可是他自己也制造了一个关于被雇佣者阶级的"神话"。

哈耶克先是肯定，被雇佣者数量的增加，是当今西方社会的一个发展："社会渐渐沦为了一个庞大的雇佣等级社会（great hierarchy of employment）"。

他接着写道："这一发展所具有的政治意义，因下述事实而得以凸显：依附者（the dependent）和无产者数量上增长最快之时，也是他们被赋予选举权之际，然而在此之前，他们中的大多数人是不享有这种权利的。这种发展的结果是，在几乎所有的西方国家中，绝大多数选民的观点都渐渐为下述事实所决定，这个事实就是他们都处于被雇佣的地位。"他还写道："在一个由被雇佣者构成多数的民主制度中，……占支配地位的观念将是那些绝大多数人的观念，亦即各雇佣等级组织的成员的观念"。

在以上文字里，哈耶克强调了两个事实，一个事实是："民主制度"或"依附者和无产者被赋予选举权"，第二个事实是："被雇佣的地位"决定了"绝大多数选民"的观点；哈耶克由此进一步强调：这两个事实显示出"沦为庞大的雇佣等级社会"的政治意义，即：被雇佣者阶级及其观点占支配地位。　任何社会的精英总是少数，处于低层的总是大多数人，总是少数人占优势，那为什么到了民主社会却反过来:"多数"处于支配地位了?哈耶克说是因为民主制度对"多数"赋予选举权,而之前他们大多数不享有选举权。似乎在哈耶克的眼里,当人类社会政治演变到近代开始出现现代民主政体的当口,社会成员之间的竞争态势发生了逆转,之前是"少数"占优势、强势,之后则"多数"占优势、强势,为什么"多数"占优势了?原因不在于"人数众多",有史以来人类社会中的低层大众虽然都是"人数众多"却从不曾"处于支配地位";原因在于"多数被赋予选举权"。

对于西方社会的这种"政治意义",哈耶克不止一次地反复强调,譬如:"在当今的西方世界,……一个被雇佣人员多数(a majority of employed)的发展,……不仅不能构成自由社会的驱动力量,而且往往还与这些力量相反对。"再譬如:"在当今世界,被雇佣者这一多数将他们的生活标准和观念强加于其他人的趋向,对自由构成了严重的威胁。"又譬如:"当被雇佣者这一多数决定立法和政策时,相关条件就将趋向于应合此一多数的标准,同时也会渐趋不利于独立者。"有一段话说得更为具体:"在此一阶级处于支配地位的社会中,社会正义的观念可以说在很大程度上变成了适应此一阶级的需求的工具。这种情形不仅适用于立法,而且也适用于制度安排和商业惯例。税收制度也渐渐以收入概念为基础,而这个概念所反映的正是被雇佣者的根本利益。类似于家长照顾孩子的那类社会服务,也几乎完全是根据被雇佣者的要求来确定的。甚至消费者信贷的方式和标准,也首先是适应于他们的要求而确立起来的。"

哈耶克一方面指出，在民主制度下的西方社会是被雇佣者"此一阶级处于支配地位的社会"，与此同时，又指出独立者阶级处于劣势："在今天，欧洲的观察家看到美国的情况以后一定会有一个很深的印象，这就是那个仍在某些时候被视为统治者的阶层，现在已变得明显孤立无援且作用微弱了。"他还写道："当今，这种显贵且独立的知识阶层几乎完全消失了，在当下美国的大多数地区也已不存在了。"

做出以上论述以后，哈耶克以十分醒目的字句，用非常悲观的语调，为关于被雇佣者"多数"的神话描绘出如此情景，并作为第八章的结语："在人类世界上，如果多数可以阻止一切为他们所不喜欢的新生事物的出现，那么这个世界就会沦为一个停滞的世界，甚至有可能变成一个日趋衰败的世界。"哈耶克提出的这个关于"被雇佣阶级多数"的神话，的确颇为触目惊心。

可是，很遗憾，哈耶克关于"雇佣与独立"的论述，在事实和逻辑两个方面都站不住脚。

在逻辑上，哈耶克自相矛盾，至少表现在三个地方。

其一，在该书第二章的开头，哈耶克写道："苏格拉底认为，承认我们的无知（ignorance），乃是开启智慧之母。苏氏的此一名言对于我们理解和认识社会有着深刻的意义，甚至可以说是我们理解社会的首要条件；我们渐渐认识到，人对于诸多有助于实现其目标的力量往往处于必然的无知（necessary ignorance）状态之中。"

他还写道:"我们对于我们行动的结果所赖以为基础的环境极其无知,而且这种无知的程度甚至会使我们自己都感到惊诧。"他还写道:"主张个人自由的依据,主要在于承认所有的人对于实现其目的及福利所赖以为基础的众多因素,都存有不可避免的无知(inevitable ignorance)。"

哈耶克的逻辑是,人的行动必以"环境"为基础,但是人们对于"行动的结果所赖以为基础的环境极其无知",因此人们对自己的行动将导致何种结果是极其无知的。但是他却又断定,只要一个人处于被雇佣者的地位和环境,那么他的观念和利益必定表现为具有"被雇佣者阶级的属性"。哈耶克不再承认他曾说过的"极其无知",而是"确切知道"一个人所处的环境将决定其思想、行为的结果。这是一处明显的自相矛盾。

其二,前文提到,哈耶克说"自由主义乃是一种关于法律应当为何的原则,而民主则是一种关于确定法律内容的方式的原则",意思是说法律"应当为何"与民主无关,民主只是一种方式,方式决定不了内容,法律内容是由自由主义决定的。可是他又化费大力气来论证,民主决定了法律政策的内容受"被雇佣者阶级"所支配。

其三,他在第六章中如此写道:"人性有着无限的多样性——个人的能力及潜力存在着广泛的差异——乃是人类最具独特性的事实之一。人种的进化,很可能使他成了所有造物中最具多样性的一种。一如有论者曾精彩论述的那样,以变异性或多样化(variability)为基石的生物学，赋予了每一个个人以一系列独特的属性，正是这些特性使个人拥有了他以其他方式不可能获得的一种独特的品格或尊严（a dignity）。"还写道："个人生来就极为不同，或者说，人人生而不同。即使所有的人都在极为相似的环境中长大，个人间差异的重要性亦不会因此而有所减小。"

哈耶克的这些话，是为了捍卫"成功者"或"独立者"的自由而说，为此，他强调个人的差异和独特性，论证"出于妒忌的平等要求"之不合理性，但是当他面对被雇佣者的时候，却抹杀了被雇佣者个人的差异和独特性，忘记了他自己说过关于"相似环境下还有差异"的话，转而主张"阶级属性"一致论，仅仅根据"被雇佣地位"这一事实（相似环境）而断定所有雇佣者具有相同的观点，把某些"阶级属性"生硬地套在每一个被雇佣者身上。

自相矛盾暴露出逻辑上的缺陷，以致读者无法信服。

再看看事实，实际状况并不如哈耶克所说的那样，他声称"被雇佣的地位"决定了被雇佣者的观点，阶级的成员具有相同的"阶级属性"，他把政治竞争简单地看作为阶级斗争，这些说法都没有事实依据。

曾国藩的湘军大多是农民，太平天国的军队也大多是农民，同是农民阶级的人却在前线面对面厮杀；国民党军队中大多是工人、农民，共产党军队中大多是工人、农民，同是工人阶级或农民阶级的人却在前线面对面厮杀；……，在历史的长河中，这样的事实不胜枚举。这些面对面厮杀的人是在为"所属阶级"的利益卖命吗？是受"阶级属性"驱使而卖命吗？当然不是，所以，简单地用"阶级与阶级的斗争"来解释这些事实、解释政治竞争，是没有事实依据的。

在中国发生的十年"文革"当中，同为一家的父母、子女之间，同一村的邻居之间，同一工厂的师徒之间，同校、同桌的同学之间，同住一屋的夫妻之间，出现了太多分属对立派别的情况，他们双方虽然曾是同血统、同出身、同学历、同生活、同工作的关系，但就是站在不同派别的阵营，持有对立的观点，互相争斗，甚至拳脚相加。凡是经历过"文革"的人，都曾亲眼目睹这些事实。这些事实雄辩地说明了，即使人处于某些因素相同的环境之中，也无法确知他们持有何种观点，无法确知他们会持有哪些一致的观点。

再看看美国，那里有两大党即共和党与民主党。一般说来，共和党比较多地倾向于企业主的利益，民主党则比较多地倾向被雇佣者的利益。按照哈耶克的观点，被雇佣阶级人数众多，占选民的绝大多数，这"多数"的观点必定占有支配的地位，那么，理应得出如下结论：民主党将始终占优势，民主党的总统候选人将始终获得多数票，可是事实却不是这样。从 1861 年到 1961 年，共有 19 任总统，其中 12 位是共和党人，7 位是民主党人，从哈耶克发表该著作（1960 年）以后到 2013 年，共有 9 任总统，其中 5 位是共和党人，4 位是民主党人。2004 年总统选举，共和党的候选人布什的支持者，在 20%

最贫穷的人口中占 41%，在 20%最富的人口中占 55%，在收入居中的那个阶层占 53%，（以上摘自《维基百科》："美国共和党"条目及"美国总统列表"条目）。事实雄辩地证明，选民中人数众多的被雇佣者并不抱有一致的观点，他们也可能支持倾向企业主利益的共和党的观点。其中的原因，其实很简单，即他们的观点并不仅仅取决于"被雇佣的地位"，还与其它诸多因素有关。

以上，从事实与逻辑两方面论证了，哈耶克有关"雇佣与独立"的言论是站不住脚的，是无法令人信服的。哈耶克的这些言论，与关于"多数统治"的言论相呼应，他的目的就是要歪曲和贬低民主政治体制。

根据哈耶克本人的论述，可以整理出他的思路：民主是一种方式——按多数原则做出决定的方式——多数原则本身有缺陷——这个"多数"是社会中的低劣人员——民主赋予低劣人员选举权——民主给予"多数"决定权——低劣"多数"支配这个世界——民主将致世界沦于停滞、日趋衰败——必须对民主加以限制。

哈耶克的思路中有一个关键点，读者必须抓住它，即"多数"。哈耶克有意混淆这"多数"涵义，搞乱读者的思维，它的方法是把多数原则中的"多数"偷换成一种政治概念。多数原则中的"多数"只有数量意义，不涉及其中个体的所有属性，每一次投票中出现的"多数"其成员和主张都有变化。但是哈耶克却把这个"多数"描绘成一个"阶级"，一个有组织、有固定成员、有鲜明政治主张的群体。哈耶克正是这样偷换概念以迷惑读者，可别上他的当！必须区分清楚"多数"这个词用于不同场合时有不同的涵义。

与歪曲、贬低民主形成对照，哈耶克非常称颂美国建国初期的所谓"自由宪政"，但他却"有意忘记"了，当时的选举所遵循的游戏规则正是多数原则，美国建国二百多年来各届大选都按照多数原则做出决定。

哈耶克的误导产生了不可低估的影响，不少政治学者发表歪曲、贬低民主的文章，都有一个共同点，即把"多数暴政"、"暴民专制"等等帽子套在民主的身上，把"限制多数"、"限制多数权力"、"限制民主"等等作为他们的政治主张，很大程度上阻碍了民主化的进程，恐怕不能等闲视之。

第三节　刘军宁有关民主的言论

从中国学者刘军宁的言论可以看到哈耶克的影响。自上世纪八十年代以后，才刚刚摆脱马列主义观点的束缚、开始接触西方政治理论的中国学者，深受哈耶克的影响，刘军宁是其中佼佼者。

刘军宁在《共和、民主、宪政》一文中，第一句话就是："现代市场秩序的政治架构必定是共和、宪政、民主三位一体的混合政体。三者在现代政体中的分量同等重要、相互补充、不可替代、不可偏废。"可是，通篇看来，作者明显地"偏"共和及宪政，而"废"民主，对共和及宪政不惜冠于各种赞美之辞，而对民主几乎找

不见同样的赞辞。相反,作者不厌其烦地列举民主的"不可取",由该文中的下列文字为证:

"民主是一部分人相对于另一部分人的权力。民主是非个人的独裁","共和是（所有人的）公权,民主是（多数人的）私权","民主的权力是多数人的权力,不能代表所有的人","民主所要建立的是个多数人统治的国家,理想的共和要建立的是中立、公平、公共的权力","宪政主义者怀疑民主缺少对民选代议士的制度约束,担心这将导致威权政治。他们也害怕把一切权力都交给人民,因为这将导致民主的暴政","根本的解决办法就是用外在的制度机制来约束民主政府","因为直接民主是多数人的私权,因而可能是暴政","民主,尤其是直接的、纯粹的民主,具有导致多数派暴政的可能性","民主是多数人的统治。但是,如果多数人败坏了,民主不过是多数人运用法律的工具不断满足自身要求的手段。因此,它是一个派别统治。这种政体可能比寡头与专制政体略微可取,但仍不被视为合法、可取的政体,而且随时有蜕化成寡头与专制的可能"……。

刘军宁的这些论述,当然是哈耶克言论的翻版。哈耶克说民主是多数统治,声称这个"多数"就是"被雇佣者多数",并论证这个"多数"低劣的阶级属性及其可悲的政治作用,哈耶克在论证"民主导致多数暴政"这件事情上达到了新的高度,刘军宁对民主的评论与哈耶克的论述如出一辙。

有关民主的讨论,首先必须阐明各自的民主的概念,否则，讨论就变成无积极意义的词语游戏。虽然，对于民主概念的讨论不可能有一致的结论，但当一种民主概念得到更多人的支持，甚至得到愈来愈广泛的认同，就会形成影响政治演变的力量。

但是刘军宁却否定民主概念的重要性，他在"为什么民主必须是自由的"一文中说："抽象的民主不存在，追求任何民主都是在追求某种具体模式的民主"。这里需要讨论一下什么是"抽象的民主"。前文在提到民主的定义时曾谈到概念的重要性。人们感知到的外界都是具体的，抽象只是人的理性或思维的功能，抽象的产物只存在于人脑之中。譬如，我们只能感知到一只一只具体的狗，"狗"这个概念不是具体的存在，而是作为抽象的产物存在人脑之中。外界不存在抽象的事物，但在人脑中却存在着事物的抽象过程及产物，而且这过程及产物能够通过语言和符号表达出来，因而能够被人感知、传播、交流。所以，我们不能否定抽象的功能、过程、产物之存在，不但不能否定其存在，还必须承认它们是人类在自然竞争中谋求生存和发展的最强大的武器。民主，是一个存在于人脑中的抽象的概念，是人们从感知到的社会政治现象中予以抽象的产物。由于人们本着不同的利益、立场来观察政治现象，采用不同的方法进行抽象，所以对于同一个对象，用同一个词语来指称，却会产生不同的概念。学术争论就必须首先阐明各自的概念，理论也建立在清晰的概念之上。"抽象的民主"应看作是指民主的概念，应该承认它的存在及其意义。

刘军宁在否定"抽象的民主"的存在之同时提到形形色色的"具体模式的民主",譬如"自由之前的民主","自由之中的民主","自由之外的民主","不自由的民主","极权的民主","直接民主","纯粹民主"、"单纯民主",不一而足,一会儿,民主和极权凑成夫妻,一会儿,民主又与自由配成一对,"民主"似乎像个幽灵到处游荡,不知道自己究竟是谁,被当作没有尊严的、可随意摆布的、不具备自身内涵的什么东西。这一切,正是否认"抽象的民主"所导致的结果,同时也更加凸显出"什么是民主"这个问题的重要性。

这里重温一下我们对民主这一概念所下的定义:民主是一种政治体制(政体),政体指政治权力的结构(权力的分配及其相互关系)以及权力行使的形式(程序、规则);民主政体与任何其它政体的区别在于:其一,确立了"法律面前人人平等"原则;其二,确立了人民的权力,政治权力来自于人民的权力。民主就是具备这两项特征的政治体制,任何不具备这两个特征的政治秩序都不能称之为民主,任何朝着"两个确立"的方向努力的政治改革称之为"民主化",民主化程度达到成熟之时,也就是民主政体建成之日。

这一民主概念是如何产生的?是从得到普遍认可的民主国家(如美、英、法、加、日等国)的政治演变历史经验中抽象出来的。先有事实,后有概念,然后再用概念去指称对象或区分对象。这些国家的民主有不同的具体模式，有总统制、君主立宪制、议会制、半总统制等不同模式，从中抽取它们共同的因素或共同的属性，排除其它因素的区别，抽象化为一个民主的概念。这"共同的因素"就是上文提出的两个特征。在观察不同国家的政治状况之时，须认定它是否具备这两个特征，才能确认其是否为"民主的具体模式"，才能确定其是否还处在民主化过程中，若是把根本反对这两大特征的政治现实，譬如把"极权民主"和"反自由的民主"也当作"民主的具体模式"，这就是概念不清或混淆概念。

刘军宁一面歪曲和贬低民主，一面称颂自由、宪政，说道"自由高于民主"，"宪政高于民主"，"民主必须受自由宪政的限制"等等。

按哈耶克的说法，"自由主义就是宪政"，那么，他所指称的对象是什么呢？他写道："新兴的美国所确立的《联邦宪法》，绝对不只是一种对权力渊源的规定，而且还是一部保障自由的宪法（a constitution of liberty），亦即一部能够保护个人以反对一切专断性强制的宪法。"很多学者也这样跟着赞扬美国建国初期建立的政体就是自由宪政的典范，同时肯定当初建国元勋们否定民主的理念。

美国建国初期制订的宪法，是人类政治经验和智慧所结出的成果，是优化人类社会政治秩序的重大创举。从此以后，各国纷纷仿效制订宪法，把宪法作为长期有效的、最高的"根本大法"，一切政治活动都必须遵循宪法，这一政治安排对于维护社会的长治久安有积极意义，我们可以把这种政治安排称之为宪法政治，简称宪政。

刘军宁的文章中，至少有三处文字说得有道理。其一："表面上，宪政只是一条条有点教条味的程序、规则的法律条文，其实它携带了丰富的价值主张和道德立场"。其二："宪政把价值和道德藏在程序和规则之中，为民主提供制度形式"。其三："承载天道宪政就像一个无限大的容器。与任何有形的容器不同，这个容器是没有边界的，能够滋生一切，而又能包容一切。

这三句话的意思是说，宪政的法律条文是某种载体，上载了（携带了）"价值主张和道德立场"；宪政提供了制度"形式"；宪政就像"无限大的容器"。载体，形式，容器，都是中性的，里面可以注入不同的内容。注入自由主义的内容，人们称之为自由主义宪政，也可能注入专制、威权主义的内容，就不能称之为自由主义宪政。美国建国以后的政治演变也说明了这一点，初期建立的政治秩序现被人们称之为自由主义宪政，而在漫长的政治竞争过程中，在原有自由主义宪政的基础上，经过多次改革，注入了民主的内容，逐步演变为现今的政治体制，许多学者给这一政体取名为"民主宪政"，或许是合适的。

所以，把"宪政"概念仅仅限于美国建国初期建立的"自由主义宪政"，恐怕不合适，美国建国初期的政治状况是有缺陷的，实质上是一种"少数人垄断权力压迫多数人的政治"，这么说的事实依据就是：当时美国的多数人被剥夺了应有权利。把"宪政"局限于"有缺陷的政治秩序"，显然不合适。如果把"宪政"看作是中性的载体或形式或容器，那么，宪政的性质就由注入的内容而定，美国初期创设了"注入自由主义内容"的宪法政治，被人们称之为"自由主义宪政"；在此基础之上经过历次改革，又"注入民主的内容"后，称民主宪政。

宪法政治指某种形式、载体或容器，民主指某种政治理论和实践，有其丰富的内涵，刘军宁拿"宪政"与"民主"加以对比并评出高低，这样做的本身是概念混乱的表现，只能是白费力气。

刘军宁不但声称"宪政高于民主"，还说"共和高于民主"，他在"共和比民主更为根本"这篇文章中，借当时2000年美国总统选举中出现争执的事件及其最终结果，来论证"共和的原则高于民主的原则"。

2000年总统选举中的分歧是怎么回事？是不是像刘军宁所说是"共和理念"与"民主理念"的较量？那次选举中，民主党候选人戈尔与共和党候选人布什对阵，戈尔得票数比布什多出54万（543895）。根据选举制度，选民投票数不决定谁当选，而是由各州"投票人"的投票结果决定。戈尔获得"投票人"选票数是266，布什是271，根据规则，布什当选总统。但戈尔不服，他提出的理由不是他获得了更多选民的投票，主要是怀疑佛罗里达州的选票统计有差错，而佛州拥有25张选举人票，有希望搏一下；由于几乎在所有两大党票数接近的州都有废票认定问题，且废票认定问题在佛罗里达州尤为突出，戈尔提出要在佛州重新清点票数，得到佛州最高法院支持，布什不服，向美国最高法院上诉，最高法院以5比4的微弱多数支持布什，不准再一次重点票数，事情到此有了结果。

由上可见，争执的焦点在于佛州选票该不该重新清点，或者说在于争夺佛州的25张选举人票，争执的焦点不在于戈尔获得更多选民的投票是否可以当选。从事件过程中人们似乎看不出有什么"共和理念"与"民主理念"的较量，但刘军宁却看出来了。他认为，争执焦点在于按照"多数"来决定还是按照规则作决定？若按"民主理念"则按"多数"决定，戈尔当选，若按"共和理念"则按规则作决定，布什当选。他认为事情的结果证明"规则"高于"多数"，证明"共和原则高于民主原则"，于是声称："这次大选的结果不仅是共和党的胜利而是共和思想和共和原则的胜利"。

此话真是莫名其妙，首先，遵循多数原则就是民主理念吗？美国建国后的"自由宪政"也遵循多数原则，凡是选举、制订法律或规则等重大政治活动最后都遵循多数原则做出决定，那么按照刘军宁的说法，岂不等于说"自由宪政"体现着民主理念？其次，遵循规则就是共和理念吗？选举人制度这一规则，规定由选举人投票后按多数原则做出决定，这就是说，"规则"规定了必须遵循"多数原则"，那么按照刘军宁的说法，岂不是等于说"共和理念"必须遵循"民主理念"？再次，规则是由人制定的，没有恒久不变的规则。建国时制定的宪法规定，参议员由各州议会选举产生；到1913年，经过争论，按照"多数原则"决定废除这一规则，规定各州的参议员由选民直接选举产生。按建国时的宪法，美国人中的大多数没有选举权，后来经过多次争论，最后依照"多数原则"做出决定，修正宪法，改变规则，大多数人终于拥有了选举权。现行的投票人规则也可能有朝一日会被修订或取消，事实上1969年美国众议院以2/3多数通过法案，废除"选举人制度"，也得到当时总统尼克松的支持，只是参议院没有得到2/3多数而作罢。1977年总统卡特在致国会的信中也表达了废除"选举人制度"的意见。依照美国国会研究人员的统计，截至2000年12月共有1028份建议修改或废除选举人制度的国会议案。规则是可变的，而每次改变都遵循多数原则做出决定，那么按照刘军宁的说法，岂不是"共和理念"要受制于"民主理念"？总之，刘军宁用选举人制度作为例子来论证"共和高于民主"的做法，实在显得牵强附会，反倒给人理缺辞穷的感觉。

刘军宁为什么要借这一事件来做文章呢？他自己是这样说的："在今天，由于习惯的关系，民主博得了比共和更大的名声。共和的理想到处都被淡化、遗忘，或是徒有虚名。"可以想见，刘军宁是要为"共和"打抱不平，想方设法贬低民主。

刘军宁如此贬低民主，有他另外的考虑。在另一篇文章"当代中国的威权主义与自由主义"中，他写道：

"90 年代之前中国只有威权派和民主派，这种政治划分既适合体制内，又适合体制外；90 年代之后，这种划分成了威权派和自由派之间的分野。双方绝大部分人都声称拥护民主，又不轻易打出推进民主的旗号。在威权派和自由派决裂之前，他们将维持一种非正式的、不言自明的、松散而脆弱的联盟，两者中任何一方的软弱都将使得另一方难以应付体制内和体制外的极端派的挑战，从而打破中国大陆思想平衡乃至政治平衡。"还写道："未来大陆的稳定乃至内部的矛盾或许要靠威权主义与自由主义共同构成的加厚的'中间思想'来维持。"

回想上世纪九十年代以来，出现了一系列抑制民主的舆论，"中国人素质低，不能搞民主"，"民主缓行论"，"搞民主会大乱"，"民主会导致多数暴政"，"民主是另一形式的专制"，"民主恐惧症"，等等，这正是威权主义和自由主义结成联盟的结果。

刘军宁多次提到所谓"直接民主"，他说："从希腊到十八世纪末以前的民主都是直接民主，自由民主则是间接的代议民主。古代民主的最高理想是直接民主，自由民主则否认直接民主是其最高理想，因为直接民主自身有着重大缺陷。"可是，什么是"直接民主"呢？其实谈不上什么"最高理想"，从具体做法上看，就是指全体公民直接参与投票进行决策，人们可以仔细想一想，古雅典民主是这样做的吗？公民大会投票者 5 千人，公民 3 万人，总人口 30 万人，明显不可能称之为"直接民主"。对比来看，在现代民主国家里，在那里出生者或归化者都是公民，所有公民（除因特殊的合理的原因有所限制以外）都有投票权，那是千万人、万万人直接参与的啊！这才是名副其实的"直接民主"啊！也只有在现代，一方面确立了"法律面前人人平等"原则，另一方面运用了现代科技手段，才能轻易做到。

把民主分成"直接民主"和"间接民主"，只有在认为民主是一种"方式"的情况下才说得通，但民主不是"方式"而是"政体"，如果说有"直接的政体"和"间接的政体"，恐怕会闹笑话。

从哈耶克到刘军宁，包括受他们影响的大量学者，都手握一把杀手锏——多数统治或多数暴政，用来抨击民主，这有什么原因吗？有！这个原因就在于他们对"多数"的鄙视、歧视和恐惧，这个"多数"曾经被剥夺自由权利，而民主的显著特征之一就是让这"多数"享有自由权利，即与"少数"同等享有自由权利，确立了法律面前人人平等的原则。这些反面的教材应该让人们更加深刻地理解到，把民主看作是具有两大特征的政治体制，并坚守之，是何等重要。

第四节　熊彼得有关民主的言论

美籍奥地利经济学家熊彼德，在其 1942 年的著作"资本主义、社会主义与民主"（吴良健译）中，提出一种关于民主的理论，他称之为"竞争政治领导权的理论"，其中包括如下一些观点："民主是一种政治方法"，"它指一个国家用以做出决策的方法"，"民主本身不能是目的"，提出民主的定义："民主方法就是那种为做出政治决定而实行的政治安排，在这种安排中，某些人通过争取人民选票取得作决定的权力"，"民主政治是政治家的统治"，等等。这一理论的影响面十分广泛，值得评析一番。

熊彼德在给出他的民主定义之前，指出："任何人要为民主下定义必须以此为出发点"，他所谓"出发点"就是：把民主看作是"方法"而不是"目的"。譬如，把民主定义为"人民统治"，实现"公共福利"或"公共意志"，就是从"目的"出发。他的意思是说，政治方法就是"做出决策的方法"，民主就是一种政治方法，但不是直接地"做出决策"，而是产生"决策者"（而后由其做出决策）的方法。至于得到决策权的人如何做出决策，做出什么样的决策，是否实现"公共福利"或"公共意志"，不是民主要解决的问题，也不是民主可能解决的问题。

关于"目的"与"手段（方法）"的关系，是说不清楚的。对于同一个事物，在此一场合你说它是目的，在彼一场合又说它是手段，这种现象比比皆是，所以还是把"目的与手段（方法）"的问题搁置一下。其实，问题不在于民主是目的还是方法，还是要关注熊彼德定义所包涵的实质内容。

意大利经济学家帕累托认为，"人类社会的历史，在很大程度上是贵族继往开来的历史"，这就是著名的"精英循坏"论，他描绘说"新的精英通过不停的循坏运动，在下层冒出来，登入上层阶级，随后衰落，被消灭"。但是帕累托没有解释，崛起的精英面对强大的掌权精英如何能够夺得政权？"精英循坏"或"政权更替"是如何实现的？熊彼德在他的民主定义中表明，他同意"精英循环"论，政治就是精英之间的权力争夺，所谓"某些人"就是指政治精英，或如他所说"民主政治就是政治家的统治"，民主就是精英争夺统治权的方法。熊彼德比帕累托有所进步，他已经考虑到精英如何争夺权力的问题。熊彼德在其定义中提到"争取人民选票"，这表明熊彼德承认民主离不开"人民选票"，也就是说，他承认民主政治必须有"人民"参与，由此他解释了权力争夺及其结果是如何实现的——通过争夺"人民选票"的过程而实现。可是，问题恰恰正隐藏在"争取人民选票"这一短语中。

熊彼德的定义，从某种程度上来说是可以接受的，因为他并不把政治竞争看作纯粹是精英之间的争斗，而是把"精英和投票者"联结起来看作为一方阵营，这就更加接近事情的本来面目，所以熊彼德把"精英主义"修改一下以后，会得到更多人的认可，特别是得到精英们的认可。

熊彼德的民主定义，在批判所谓的"古典民主理论"的基础上提出，他说的"古典民主理论"是指"十七和十八世纪形成的民主的法律'理论'"，它"确实旨在提供这样的定义，要把某种实际或想象的政府形式与民治这个思想意识联结起来"（这里的"民治"指"人民统治"——笔者）。熊彼德把霍布斯、洛克、卢梭的"法律理论"

都看作"古典民主理论"，把他们的社会契约论不加区分地统统贬之为"虚构的契约"加以批判，说他们"认为有主权的人民已把他的自由或权力出卖了"，"说人民把他的权力或权力的一部分授予了挑选出来的代表"，"这些道理实际上就是废品堆栈供应的货色"，"一文不值"，"站不住脚的"。他总结出"古典民主理论"的定义，写道："十八世纪的民主哲学可以用下面的定义来表达：民主方法就是为现实公共福利做出政治决定的制度安排，其方式是使人们通过选举选出一些人，让他们集合在一起来执行它的意志，决定重大问题。"他认为该定义中强调了"为实现公共福利"、"执行人民意志"这样的内容。

熊彼德对于"古典民主理论"的批判，就针对"公共福利"和"人民意志"，他写道："首先，不存在全体人民能够同意或者用合理论证的力量可使其同意的独一无二地决定的公共福利"，"人民意志的特殊概念也就烟消云散了，因为这个概念必须以存在人人辨认得出的独一无二决定的公共福利为先决条件"，"古典学说的两根支柱不可避免地崩溃了"。

熊彼德的批判并没有错，但是这种批判仅仅适用于卢梭的理论，而他却把洛克理论也陪绑进去。虽然霍布斯、洛克、卢梭都提到"社会契约"，但其实质内容都不相同，这里着重提醒人们注意洛克与卢梭的根本区别。从两人的著作中，我们可以摘取大量文字，来证明一个毫无疑义的事实，即卢梭在很多方面与洛克针锋相对。总的说来，洛克的理论为现代民主理论奠定了基础，而卢梭则开创了"伪民主真独裁"的政治哲学。但是,熊彼德既不继承洛克的学说,也不批判卢梭的理论,以一句"虚构的契约"把二者都扫进了历史的"废品堆栈",这种割断历史的做派是一大缺陷,恐怕难以服人。

可以这么说,如果你无法看出卢梭如何与洛克针锋相对的事实,你就无法缕清近现代民主理论的脉络,熊彼德民主理论的缺陷也属于这种情况。

温习一下洛克理论的主要论点:每个人都是独立、自由、平等的,都拥有生命、财产、平等、自由等权利,政治起源于保障人权的目的,政治权力来源于人民;人民通过自愿协议(契约)选择政府形式及其领导人,并授予政治权力统辖和治理国家,政府必须按照长期有效的法律行使权力;人民的权力是最高的权力,其职责是通过选举决定领导人并授予权力,在政府行使权力期间,人民不行使权力,但是保留这一最高权力,在政府滥用权力侵害人权的情况下或政府满届之时,再行使权力,选举决定政府领导人并授予权力。这些主要论点,可以在洛克的著作中找到一一对应的文字。

熊彼德可以说洛克的"起源说"和"契约论"是虚构的,但是他无法否定以下事实:洛克思想直接引发了美国的《独立宣言》和法国的《人权宣言》,这都是事实不是虚构;美国建国初期制定的宪法,体现了"契约"精神,这是事实不是虚构;美国、法国人民按照法律规定的程序和规则,定期选举政府领导人,这是事实不是虚构;当代一些比较成熟的民主国家的政政治秩序,或者说称之为"民主宪政"的政治秩序，基本上与洛克学说相符，这是事实不是虚构；这些民主国家中发生的事情，愈来愈成为全世界各国人民向往的愿景，这是事实不是虚构。一个"虚构的理论"能引发人类社会政治演变历史中的巨大转折，能够呼唤人们发出巨大能量去追求自身应有的权利，产生全新的社会现象，这是什么原因？这是因为，在人脑中产生的理论，都是人们用以进行竞争的工具、手段，理论或许带有"虚构"的成分（指那些假设的部分），但只要理论能够符合某些人参与竞争的需要，能够深入这些人的内心，就会在他们的实践中引发出巨大能量，导致社会变革，产生与理论的假设相近的新事实。如果理解了这个道理，我们就应该去探究为什么洛克的理论能得到如此广泛的认同，为什么会转化成巨大的能量，从而继承、发扬洛克思想中对改善社会有利的部分。像熊彼德这样对待洛克的契约论，视为"废品堆栈的货色"，只能有两种解释，其一，他不理解这个道理，其二，他自身抱有的利益和观念促使他在竞争中与洛克理论相抗争。

熊彼德在论述"一种与事实如此相悖的学说（指古典民主学说——笔者）为何有可能存在到今日"这一问题时，提到："存在这样的事实……，这些事件和发展得到大多数人热情赞许"，"美国是突出的例子"，"他们根据不可剥夺的人的权利，按照古典民主政治总的原则，提出他们的事业是'人民'反对其统治者的事业。独立宣言的措辞和宪法的措词都采用了这些原则"。可见，熊彼德的确看到了被"大多数人热情赞许"的事实，但因为"采用了古典民主学说的原则"，所以他要反对。他对于诸如"人民的事业"、"不可剥夺的人的权利"、"人民统治"、"人民主权"、"人民意志"、"人民的共同福利"等等说法，总之，一提到"人民"，他就反感。但是，洛克心中的"人民"与卢梭所谓的"人民"是截然不同的，熊彼德或许是假装看不到这个区别，或许是出于他自身的利益和观念对"人民"有某种厌恶和恐惧的心理，阻碍他探究洛克思想中对改善社会有利的东西。

卢梭的"人民"是虚构的、理性的存在，洛克的"人民"是一个个"独立、自由、平等"的个体的集合；卢梭的"人民主权"是只能存在于人脑中的"名义"，洛克所指的"人民的权力"是可以感知的社会现实，是可以用法律的手段予以落实的政治权力。

熊彼德看不出洛克和卢梭的根本区别，把二者混淆起来，统统作为"古典民主理论"来批判，只能暴露出自己理论的缺陷，以致他无法接受洛克理论中对民主的论述，也无法看到洛克理论已经引发的民主化实践在许多国家开花结果。

回过头来，评析一下熊彼德的民主定义，他写道："民主方法就是那种为做出政治决定而实行的政治安排，在这种安排中，某些人通过争取人民选票取得作决定的权力"。熊彼德把他的定义说成是客观的、符合实际的、不带价值偏见的，这当然是虚伪的说词，因为，从人脑中产生的理论，都是竞争的工具、手段，如果受到这种说词的迷惑，那就无法去深究熊彼德定义的实质内容。

该定义含有可以认可的成分，即它承认政治竞争主要是政治精英（即"某些人"）之间争夺权力的斗争，它承认争夺权力的斗争必须有"人民"参与，它承认这种政治竞争采取"争取人民选票"的方式，排除了武力相争的方式。但是另一方面，也可对之提出追问，譬如，"争取人民选票"中的"人民"指哪些人？"争取人民选票"，是否意味着精英的争夺结果由"人民选票"来裁决？"人民选票"是否就体现了人民的意愿？等等。下面，让我们来探究这些问题。

对于"人民"，熊彼德说了很多话。一般人以为熊彼德重视"人民"的作用，其实恰恰相反，它花了很多笔墨来描绘"人民"，其真实的意图是要告诫人们，高估"人民"的作用是幼稚的想法。但是，既然是谈"民主"，那么这个"民"的问题是无法避开的，所以他巧妙地用"争取人民选票"这一短语，而不说"争取人民的支持（或批准）"，不知读者对此有否深究？

可以举出一些文字来认识一下熊彼德是怎样看待"人民"的。在举出历史上"迫害基督徒，焚死女巫和屠杀犹太人"等事件以后，熊彼德写道："称他们为暴民不称他们为人民，……似乎更为自然"。

他写道："'人民'这个概念（古希腊的 demos、罗马的 populus）的全部可能定义与'统治'这个概念的全部可能定义间可以组合的意义那么多"。其意思是说，"人民"这个概念包含"许许多多意义"，也就是没有明确的意义。他举例说，罗马的"populus 在宪法意义上完全不包括奴隶，部分地排除其他居民"。熊彼德认为把"人民"说成是"所有人"，不符合事实，他写道："歧视绝不可能全部绝迹。例如，任何国家不论怎样民主，选举权不可能扩大到特定年龄以下"。他认为，既然在民主国家里，因为"不合格（即懂事年龄）的理由而被剥夺选举权"，那么，根据其它理由而"被大批地剥夺选举权"的情况也不能称之为"不民主"，譬如"由于经济地位、宗教信仰和性别等理由产生的不合格"。甚至他还写道："这样的认识可能是不荒谬和不虚伪的：合格应以个人养活自己的能力来衡量。在宗教信仰强烈的国家，可以这样认为——同样是不荒谬和不虚伪的——不信奉国教者是不合格的，在反女权国家里，女性也是不合格的。种族意识强烈的国家，合格不合格可以以种族异同来区分。" 熊彼德认为，这些不合格理由，与年龄的不合格理由，"属于同一类别"；"因为合格不合格是意见问题和程度问题"。

有关行使选举权的年龄限制，任何民主国家里都有明确的法令，也如熊彼德所说，这属于"意见问题和程度问题"，但决不能称之为"歧视"，也决不能看作是"剥夺选举权"的规定。关于选举权的年龄限制，是针对行使公民权所遇到的具体情况而规定的，人们对此很容易理解。如果问"婴儿可以行使选举权吗？"，恐怕大多数人不可能同意，这是一个"意见问题"。其实，这不但是智力问题，还涉及"一人一票"的平等原则，如若婴儿有选举权，那么婴儿的一票肯定无条件地归属于他的家长。如果再问"那么到几岁可以行使选举权？"，人们可能有不同意见，经过协商讨论做出规定，这是一个"程度问题"。但是，这不是"歧视"，不是熊彼德所举出的"歧视绝不可能全部绝迹"的实例。民主国家如美国，在宪法中规定所有在美国的出生者及归化者都是公民，未成年人只是暂时不能参加选举，到了一定年龄就可以行使选举权。所以，有关年龄限制的措施，不能以"歧视"或"剥夺选举权"来定性，熊彼德却定性为"歧视"或"剥夺选举权"，这恐怕是有意的曲解。熊彼德的目的，是以"属于同一类别"的"意见问题和程度问题"来迷惑读者，灌输一种观念："如果说不允许年龄界限以下的人参加选举，我们不能称那些由于同样或相似的理论不许其他人参加选举的国家不民主"。而这个"同样或相似的理论"，包括熊彼德所列举的在经济地位、信仰、性别和种族等方面区别对待的理由。熊彼德似乎在暗示，如若某一天通过了有关法令，对于行使公民权做出限制，如在经济地位、信仰、性别和种族等方面设置一些"不合格"条例，如若出现这种情况，不能视之为"不民主"，而应该认为与民主是相容的。熊彼德的这种暗示不得不令人担忧。

熊彼德的民主定义，为因歧视而剥夺被歧视者的公民权的做法，打开了方便之门。熊彼德的手法的确十分巧妙，他用了"争取人民选票"这个短语，让人们误以为他重视"人民"的权利和作用，这是第一步；然后第二步，他论证"人民选票"中的"人民"是一个含意不明确的概念，可以作为"意见和程度的问题"通过讨论而议定法令对选举权设置种种限制。换句话说，这"人民选票"中的"人民"，可以只是一部分人，譬如四十岁以上的人（哈耶克曾提到这一点——笔者），譬如收入必须高于规定数额的人，譬如学历达到大专以上的人，等等，这样一来，熊彼德就有理由把一部分人排除在"人民选票"之外，在无形之中抽去了"法律上人人平等"的原则，而且还认为符合他的民主定义

接着第三步，熊彼德终于"图穷匕首见"，露出了"争取人民选票"的真实含义。熊彼德的下面这句话，真实地道出了他的本意："选民的选择——在意识形态上被尊称为人民的召唤——不是出于选民的主动，而是被塑造出来的，对选择的塑造是民主过程的本质部分"。那么，是谁在塑造"人民的召唤"？熊彼德答道："主动权在候选人那里"，也就是说主动权在争夺权力的政治精英那里。

在"政治中的人性"这一节文字中，熊彼德借用"群集心理学"的某些结论来论证其观点，他写道："典型的公民一旦进入政治领域，他的精神状态就跌落到较低的水平上"，于是导致以下两种情况，其一，"典型公民在政治问题上往往会听任超理性或不合理的偏见和冲动的摆布"；其二，给予某些集团以机会，"在很大限度内改变甚至创造人民的意志"，其方法"完全类同商业广告的方法"。这种做广告的方法是一门技术，"这些技术在公共事务领域比在私人和专业生活领域有无限大的发挥余

地"，譬如，"接触下意识"，"创造赞成和反对联想的手法，这些联想越不合理越有效率"，"规避策略"，"缄默策略"，"一再重申主张来制造舆论的诡计"，等等。由此，他论证了所谓"人民的意志"或"人民的召唤"或"人民的愿望"等等实际上都是由政治精英"制造出来"的。他说："实际上人民既不提出问题也不决定问题，决定他们命运的问题，是正常由别人为他们提出和决定的"。

原来，熊彼德定义中的"人民选票"跟选民们的真实意愿无关，完全是政治精英根据他们争夺权力的需要进行"塑造"或"制造"的结果。掌握主动权的政治精英心目中关注的是选票的数目，而不是选民自己的意愿；他们不是在争取"人民"的支持，而是在争取"某个数字"，熊彼德甚至引用"一位历史上最成功的政治家的话"来形容选举："实业家不了解的是，正如他们在经营石油，我在经营选票"，"争取人民选票"变成了"在选票上做买卖"。

按照熊彼德的民主理论，"人民"或者"典型公民"们，在民主政治中就像被操纵的木偶；"人民"或"典型公民"们是那么盲目无知，可以任凭政治精英们塑造他们的投票心理"。人民"在民主政治中，被消隐得只剩下一个数字或符号，仅仅用来写入民主定义，以迷惑读者。

可是，熊彼德似乎做过了头，以致他竟然觉察不到显而易见的问题，这些问题足以让他难以应付。

第一个问题就是，既然承认"民主"是精英争夺权力的方法，排除了武力相争的方式，那么，就必须解决"谁来裁决"的问题。武力争夺的结果是"你死我活、成王败寇"，不需要"第三方"进行裁决。但是"民主方法"，就如竞技比赛，必须有双方都认同的、服从的竞争规则，必须有双方都认同的、服从的裁判规则，最后任何一方必须服从裁判对胜负的裁决，没有这些前提，竞争是无法进行的。那么，争夺权力的各方政治精英甘于服从的裁决出自何人之手？各方精英为什么会服从这个权威？熊彼德的民主理论没有回答这些问题，也就显露出重大缺陷。其实，洛克早就回答了这些问题，只是熊彼德没有看懂或假装不知道。洛克指出，权力来自于人民，人民的权力是最高的权力，人民行使权力选举政府领导人并授予政治权力，三百多年来的历史证明了，洛克创导的观念得到广泛认同，特别是得到政治精英们的广泛认同，以致现代的政治精英们在政治竞争中甘心于、习惯于服从人民的权力这个最高权威。如果不是这样的话，民主政体、民主方法等等将在一夜之间被毁，就如美国的南北战争，采取分庭对抗、武力解决的方式争夺权力。不管什么人，他承认也好，不承认也好，事实上人们都心知肚明，没有最高权威的裁决，没有对这一权威的服从，政治精英们不可能进行"争取人民选票"方式的竞争。这一最高权威的树立，不是自然而得，也不需理论证明，靠的是大多数人共同铸成的理念——权力来自于人民，民主的定义中必须包括这种理念。

第二个问题就是，熊彼德认为，借"意见和程度问题"的理由"大批地剥夺选举权"的情况不能称之为"不民主",也就是说,这种剥夺选举权的做法与他的"民主定义"是相容的,那么,被剥夺者会心甘情愿吗?他们会抗争吗?退一步说,就算被剥夺者不敢起来抗争,但是政治精英中会有人"制造"出这一抗争的诉求(人民的召唤?),因为这有利于"争取人民选票"而在政治竞争中获胜。于是,按照熊彼德的民主定义,"争取人民选票"的结果将趋向反对和制止"因歧视而剥夺其选举权"的现象。剥夺与反剥夺,二者一正一反,绝不相容,熊彼德的定义自己否定自己。就此,也让人们明白一个道理,即民主的定义中必须包含"法律上人人平等"的要旨,任何一部分人歧视另一部分人的现象,任何一部分人剥夺另一部分人的权利的现象,都与民主绝不相容,就是熊彼得的"民主定义"也不能相容。

第三个问题就是,"争取人民选票"的竞争,其程序和规则必须符合平等自由、公开透明的原则,熊彼德对此一定不会反对。如果说,竞选的手段就是"制造民意",那就避免不了欺骗造假、威逼利诱等等行为;选民可能缺乏政治判断能力,但对于有损于个人尊严和自由权利的行为还是有觉察能力的,或者说,总会有人对侵害行为有觉察能力。如果竞争的任何一方有人觉察到自己受到侵害,并对此无法容忍,他可以诉求法律的保护,也可通过公开透明的渠道予以揭露。竞争的各方阵营,也刻不妨鬆地搜罗对方违法违规的丑闻,以此打击对方。这种双方相互的揭露和打击,一定程度上遏制了"假造民意"的暗流，在法令法规比较健全、坚持公开透明的民主国家，不可能让其成为主流。只有在民主化很不成熟的国家，因为暴力和欺骗还能得逞，才可能成为主流。熊彼德所说的"对（选民）选择的塑造是民主过程的本质部分"，是对"民主过程本质"的严重歪曲。

不管还有什么问题，至少上述三方面问题已经足够可以质疑熊彼德的民主定义，虽然不能称之为"废品堆栈供应的货色"，但却可以说它是"站不住脚的"。对熊彼德的说法作如下修改，或许还能"站得住脚"——在民主政体的框架下，政治精英通过争取人民支持的方式争夺政治权力。当然，这不再是"民主定义"，只是某种描述。

熊彼得的民主定义在精英阶层有着不小的影响，这种影响对民主化进程非常不利，因为它把民主的命根子即两大特征都挖掉了，再次重申一下，民主的两大特征即确立了"法律面前人人平等"的原则，确立了"人民的权力"。

第四章 自由与平等

民主、自由、平等这三个概念是相关联的，论述民主必定要论及自由平等，我们已经给出了民主的定义，相应的也必须论及自由、平等的概念。

第一节 自由

1，自由这个词的本来意义

在人们的日常生活中，经常用到自由这个词，也到处可以读到自由这个词："我生性热爱自由，被束缚在两点一线的生活，太乏味！我要走遍天南地北"，"我不想被困于琐碎的生活，要像雄鹰那样自由地翱翔"，"厌倦了拥挤嘈杂的城市，我热望骑着马自由地奔驰在广阔的草原"，"学业负担太重，哪有自由？连看个电影也难"，"父母管得太严，容不得我半点自由，哪有玩的时间？"，"我终于离婚了，自由了！"，"下班了，我自由了"，等等。人们在这些语句当中用到"自由"时，对它所表达的意义当然是领会的，那么究竟是什么意义呢，可以分析如下：其一，它描述了行事的、行为的状态，自由与不自由，都用来描述行事状态；其二，它针对着受困、受压、受控、受限制、受束缚等等的状态，自由描述的是摆脱或消除一切困扰、压制、控

制、限制、束缚的状态；其三，它描述了由着（或任凭）
自己的意愿行事的状态，即"由己之愿行事"，在自己
的各种意愿中有选择地实施行动。简单地说来，自由本
来意义是：描述不受限制地、由己之愿而行事的状态。

　　自由这种状态，是每个人都向往的、追求的，这是
出于人的本性。这个本性即指，每个人都想由着自己的
愿望而行事，当他企求按自己意愿行事而受到限制、束
缚或障碍的时候，就很自然地产生痛苦的情绪，于是，
他盼望摆脱限制和束缚，就像盼望快乐那样。所以，无
论是谁都会像热爱快乐一样热爱自由，无论是谁都会像
追求快乐一样追求自由，事情似乎就这么简单。可是，
哲学家、专家、学者们，却就自由这个词引申出很多的
意义，据提出"消极自由和积极自由"的哲学家以赛
亚·伯林说，自由这个词有"二百多种意涵"。这里可
以列出一些，譬如：心灵的自由、意志的自由、先验的
自由、真正的自由、绝对的自由、终极的自由，等等；
再譬如："自由即自主"、"自由即真正的自我实现"、
"自由即完美的理性"、"自由即顺乎必然性"、"自
由即生命的扩张"，等等；又譬如："古典自由主义"
的自由，"新自由主义"的自由，"否定的自由和肯定
的自由"，"消极自由和积极自由"，等等。

　　哲学家们从自由这一个词可以引申出如此众多的涵
义，当然有他们的道理，有人也会沉醉于其间，当然也
可以理解；可是，作为一个普通读者，面对如此众多的
"自由"，难免觉得眼花缭乱，令人昏昏，弄不明白，

于是总要发问：究竟应该热爱并追求怎么样的自由？究竟应该如何把握自由的涵义？能不能找到有关自由的一种涵义，它能让人感知，它简单、明确、实在，它贴近生活，跟自身利益直接相关，能够找得到吗？

　　2，一些哲学家的提法有共同点

　　我们可以发现，在一些哲学家对自由的涵义所作的解释当中，存在着共同点。

　　三百多年前，英国哲学家洛克在《政府论》中这样写道："哪里没有法律，那里就没有自由。这是因为自由意味着不受他人的束缚和强暴，而哪里没有法律，那里就不能有这种自由。但是自由，正如人们告诉我们的，并非人人爱怎样就可怎样的那种自由（当其他任何人的一时高兴可以支配一个人的时候，谁能有自由呢？），而是在他所受约束的法律许可范围内，随其所欲地处置和安排他的人身、行动、财富和他的全部财产的那种自由，在这个范围内他不受另一个人的任意意志的支配，而是可以自由地遵循他自己的意志。"洛克在这里指出，自由是由法律规定的，即在法律规定的范围内不受其它意志支配而由己之愿行事的权利。

　　二百多年前，法国哲学家孟德斯鸠在《论法的精神》中写道："在一个国家里，即在一个有法律的社会里，自由只能是人们能够做应该做的事，而不是被迫做不应该做的事。应该记住什么是独立，什么是自由。自由是做一切法律所允许做的事情的权利。"孟德斯鸠简单明了地指出：自由是法律规定的权利。

一百多年前，英国哲学家约翰·密尔在《论自由》中，从"与权威的斗争"来谈自由，从"限制权力"的角度来谈自由，他说"限制之道有二"："第一条途径是要取得对于某些特权即某些所谓政治自由或政治权利的承认，这些自由或权利，统治者方面若加侵犯，便算背弃义务，而当他果真有所侵犯时，那么个别的抗拒或者一般的造反就可以称为正当。第二条途径，一般说来系一个晚出的方案，是要在宪法上建立一些制约。"密尔虽然只是从限制权力的角度谈自由，但是他也是把自由看作为某些"特权"或"权利"，是通过宪法或法律予以承认的权利，是统治者不得侵犯的权利。

五十多年前，拉脱维亚出生的哲学家以赛亚·伯林说："既然正义的意义，是每个人拥有最低限度的自由，我们当然有必要对其他的人加以约束，必要时还可以强制执行，以使他们不至于剥夺任何人最低限度的自由。其实法律的整个功能，也就是预防这种冲突。"可见，竭力推崇"消极自由"的伯林也承认，自由"必须由法律"来确立，而"法律的整个功能"就是维护自由，这种说法，与把自由看作是法律规定的权利的看法，是一致的。

另一位当代美国的哲学家罗尔斯在《正义论》中写道："我在大多数地方将联系宪法和法律的限制来讨论自由。在这些情形中，自由是制度的某种结构，是规定种种权利和义务的某种公开的规范体系。"罗尔斯也是从宪法和法律的角度来讨论自由，把自由看作为由宪法和法律规定的种种权利（与义务相对应），而种种自由须看成一个体系。

当然，还有很多学者都像以上所述的那样来解释自由之涵义，这里似乎不必再予赘述，总之，人们可以从中发现，在众多的哲学家、政治学家、社会学家的论述中，有一种关于自由的涵义取得了比较广泛的共识，这种自由的涵义即——自由是指法律规定的权利。法律的规定是可感知的，法律的文字简单、明确，法律规定了每个人在何种情况下可以不受限制地、由己之愿地行事，这种自由（权利）跟人们谋求生存和发展的日常生活息息相关。把握住这一种自由的涵义，人们就很容易懂得自由跟切身利益的关系，从而明白自己应该怎样去争取自由；把握住这一种自由的涵义，就不会再被那些空洞抽象的学说所唬弄，什么先验的自由、真正的自由、绝对的自由、终极的自由等等，那些"自由"离我们很远很远，够不着也望不见；也不会再被所谓的消极、积极、否定、肯定的自由等等提法搞得不知如何明辨。

3，自由与法律

洛克说得好："哪里没有法律，那里就没有自由"。自从洛克这句名言广为传布、深入人心以后，在人们的头脑里，自由与法律建立起不解之缘，离开了法律或超越了法律就无法谈论自由。这是因为，人是生活在社会里的，人类社会里有一条共同的规则，这规则得到最为广泛的认同：不得侵害他人；如果人人都处于"不受限制地、由己之愿而行事"的自由状态（注意这里说的是自由状态，不是自由权利)，则由于各人意愿之间的差异或对立，就会发生有人把自己的意愿强加于他人的、亦即侵害他人的现象；为了防止、制止侵害他人事件的发生，就必须对"不受限制地、由己之愿而行事"的自由状态做出限制；限制的办法就是制定共同遵循的规则即法律，所依仗的是法律的权威和赋予执行者的权力；在做出这种限制的同时，也就确定了自由（权利）的范围，所以说，有法律的社会里，自由就是由法律来决定的。

法律跟自由的关系就在于，法律划分出一条界限或范围，在界线这一边的范围内，限制人们处于自由的状态，在界线另一边的范围内，保护人们处于自由的状态。在界线这一边的范围内，人们必须遵循法律定下的规则，不得"由着自己的意愿行事"，这就是义务；在界线另一边的范围内，人们可以"不受限制地、由己之愿而行事"，这就是权利。谁不承担遵循法律规则的义务，将受到按法律实施的惩罚；如果行使自由权利时受到任何人或机构的限制，可诉之法律寻求保护。没有法律的限制和保护，就无法保留让人们能够自由行事的范围，自由将无容身之地。

简单说来，自由与法律的关系是：法律通过限制和保护的手段，把自由确立为一种"权利"。譬如选举自由、言论自由、出版自由、结社自由、信仰自由、婚姻自由等等，这种种自由，就是法律规定的权利。这种种自由，就是"不受限制地、由己之愿而行事"的权利。人们常常说要争取和维护的自由，就是这种种权利；人

们常常说要为自由而战，就是为争取和维护这种种权利
而战。

让我们确认自由的这样一个概念：自由就是在法律
规定的范围内不受限制地、由己之愿行事的权利。在有
关政治学或社会学的著作中所论述的自由，就是权利意
义上的自由。这种意义上的自由，有四层涵义：其一，
自由是由法律规定的权利；其二，自由一定是在"规定
范围"内的权利；其三，自由是"不受限制"的权利；
四是，自由是"由着（或任凭）自己意愿行事"的权利。
以上四点涵义，缺一不可地完整地表述了权利意义上的
自由概念。

至此，上文提到，自由这个词在两个不同的场合使
用时有着不同的含义，一是，描述行为、行事状态，即
"不受限制地、由己之愿而行事"的状态，二是，指称
法律规定的权利，即"不受限制地、由己之愿而行事"
的权利。在有关自由的讨论中，或者在阅读有关论述自
由的文字时，把握并区分这两种不同的涵义，将会减少
一些混乱。譬如说言论自由，人们都知道"言论自由"
是法律规定的一种权利，它跟"自由地发表言论"不是
一回事，必须加以区分，不可混淆。"自由地发表言论"
只是描述行为的状态，不涉及条件限制，但是"言论自
由"在其范围上受到法律的限制。法律对于"自由地发
表言论"的行为状态划出一条界线，在界线一边的范围
内，像诬蔑、诽谤等侵害他人的这类言论不准"自由地
发表"，在界线另一边的范围内，人人拥有"自由地发

表言论"的权利，如若受到他人或机构的限制可寻求依法实施的保护。所以，法律对于"自由地发表言论"的这种状态施加限制，而对"言论自由"这种权利则保护其免受限制，弄清楚"自由地发表言论"与"言论自由"二者的区别，就不易产生混乱。我们要争取和维护的是"言论自由"这种权利，当然首先要在法律上确立这一权利，并且要看法律划定的界线是否合理，即是否扩大了限制的范围而缩减了权利的范围。对于言论自由的争论，其实就是关于法律如何规定、如何划线的争论。其它的自由，如出版自由、新闻自由、结社自由等等，都与"言论自由"同样。

　　我们确立了这样一个自由的概念，有什么意义吗？至少，这有利于厘清思想，可以从以下几方面来说明：其一，这一自由概念有着明晰的、丰满的内涵，这些不可分割的内涵密切关联构成一个完整的概念，不易造成误解，再者，它建立在众多哲学家共同论述的基础之上，所以比较牢靠、可信，易于得到更为广泛认同。其二，这个概念并不体现任何价值观取向，无论你是成功者或失败者、富人或穷人、精英或低层群众、强者或弱者、雇主或被雇者，等等，无论你倾向于何种价值观，都可能接受这个概念。其三，持有这一自由概念以后，可以用来跟其它"自由"概念进行对比，哪些概念与此相似或相近，因而是可以接纳的，哪些概念相比之下显得含糊不清、模棱两可，容易引起误解或歧义，因而需要加以澄清（下文将就消极与积极自由的问题展开讨论）。其四,使用这一自由概念,来考察自由与其它事物的关系,如自由与平等、自由与民主、自由与真理的关系等等,由此形成的思路将比较能够接触到问题的本质。

还应该补充加以说明:既然把自由看作为一种权利,而权利由法律确定,这就意味着,制定怎样的法律,就确立怎样的自由,那么,法律的制定是由什么来决定的?应该说,由政治体制决定,什么样的政体就制定出什么样的法律(宪法)。作为一个政治哲学家,都会论证自己的理论符合人的本性,是为公众谋取福利,是为了让社会变得更美好,在他们所阐述的理论中都会举出他所认为的"自由"概念,因为"自由"这个词所描绘的状态是每个人都欲求的,标榜"自由"能够起到争取更多人支持的作用,他们的最终目的,其实是要论证哪一种政治体制是好的,哪一种政治体制是不好的,是要按照他们认可的某种政治体制来制定宪法或法律,按照他们的观念来确立自由。不同的政治哲学理论都会标榜自由,但他们说的"自由"却都不一样,可见,不要把自由看作为一种先验的、普遍的、永恒的、纯粹的概念,在纯粹的概念的论述中是找不到"什么是自由"之答案的,只有把自由与宪法、法律、政治体制等等社会现实联结起来,才能接触到自由问题的本质所在。有不少论述自由的理论,看起来似乎空洞抽象,让你摸不到它的玄机何在,或者,看起来似乎真诚而纯粹,让你觉得它中立而公正,但只要牢记"自由就是法律规定的权利"这一意义,抓住"法律如何确定自由"这一实质性问题,玄机何在、是否中立等等就可能看得清楚一点了。

第二节　法律面前人人平等

如上文所述，自由是指由法律规定的权利，那么，如果要考察自由与平等的关系，就必须把平等同样看作为由法律规定的权利，否则，二者的关系说不清楚。当今世界的现实也正是这样，自由与平等都被看作为"人权"，都是每个人应有的基本权利。离开了法律去谈论自由，漫无边际，使人昏昏；同样，离开了法律谈论平等也将漫无边际，使人昏昏；正因为如此，离开了法律谈论自由与平等的关系，也会漫无边际，使人昏昏。

如果我们回顾一下历史，就可以知道，人类社会（有法律的社会）在绝大部分时期里，法律规定的自由与权利，都是不平等的，只有少数人享有政治自由与特权，在那样的年代，等级森严，法律就是为维护等级而确立的，不可能产生平等观念。直到近代，才开始出现平等的观念，在十九世纪后半期，美国的宪法规定了权利平等原则，但在事实上真正落实权利的平等，还只是二十世纪才出现的事情。如今，人们愈来愈认同"法律面前人人平等"的原则，这原则意味着，法律所规定的自由与权利，同时也应该是平等的权利，法律规定的平等亦即自由权利的平等，这也就意味着自由与平等是同一的、重合的。譬如说，投票自由，言论自由，新闻自由，结社自由，隐私权等等，都是法律规定的权利，同时它们也都是平等的权利,即每一个人都同等地拥有这些权利。这里的"人人"应该是指在这个国家出生的每一个人,不论你是哪个性别、哪个种族,不论你是贫穷还是富贵,不论你拥有何等地位、名声,你都是"人人"之中的一个。

所以,要问"什么是平等"?回答是——作为一个社会学、政治学的基本概念,平等即指法律面前人人平等。与法律意义上的自由概念相一致,这是法律意义上的平等概念。

这一原则如今之所以得到普遍认同,是因为,历史的教训让更多人明白,没有什么先验的、永恒不变的法律,法律是为人的利益服务的,如果法律规定的权利不是"人人平等"的,即部分人拥有权利,另一部分人被剥夺权利,那么这种法律只为"拥有权利者"服务,其结果必定是:法律保证了"拥有权利者"可以为谋取利益而自由行事,却限制了"被剥夺权利者"为谋取利益而自由行事,法律可以让"拥有权利者"侵害"被剥夺权利者"而不受制裁,法律可以拒绝"被剥夺权利者"遭受侵害时理应得到的保护,法律曾保证了贵族的利益却限制了商人的利益,法律曾保证了奴隶主的利益却限制了奴隶的利益,法律曾保证了男人的利益却限制了女人的利益,拥有投票权的人可以左右法律的制定并让法律有利于他们的利益,没投票权的人只能服从他人制定的法律并为他人的利益服务,如此等等。于是,法律就成为这样一种强制性手段:维护了部分人的强势和优势,去歧视、压制、侵害另一部分人并使之处于弱势和劣势。这种维护部分人的利益、侵害另一部分人的法律，必将激化社会矛盾，并导致社会的动荡甚至内战。经过了长期反复的混乱、动荡和战争，人类才慢慢明白"法律面前人人平等"的原则是何等重要，并在逐步实现这一原则的实践过程中，摸索、探究出一种有助于维护这一原则的政治体制，亦即民主政体。

但是，无论从历史来看，还是从现实生活来看，这一重大原则并不容易实现。在等级森严的社会，该原则当然不可能提出来，就是在二三百年前，当西方新兴的资产阶级发动民众推翻旧制度，提出"自由、平等、博爱"口号以后的漫长岁月里，包括在美国 1789 年《联邦宪法》正式生效以后的漫长岁月里，法律规定的权利仍然是不平等的。美国人民经过长期曲折的斗争，多次修改宪法，把法律规定的权利从原先只赋予部分人逐步扩大到更多人，向实现"法律面前人人平等"原则的方向迈进。在这一迈进过程中，第十四修正案（1868 年）的正式生效具有里程碑意义，对美国历史产生了深远影响，有"第二次制宪之说"。该修正案规定：所有在美国出生的人都是公民，不得限制公民的权利，不得拒绝给与任何人以平等保护。这是在人类历史第一次以宪法的名义申明"法律面前人人平等"的原则，虽然在事实上的落实还需等待时日，但转折开始了。1870 年，美国宪法第十五修正案正式生效，它规定：不可因种族因素而立法限制选举权；1920 年，第十九修正案规定：不可因性别因素而立法限制选举权；1964 年，第二十四修正案规定：不得以人头税或其它各种税赋限制人民的投票权。每一次宪法修正，都经历过规模不小的较量，即争取权利平等与反对权利平等之间的较量。

以上所写的情形不仅仅发生在美国，还发生在很多国家。回顾以上历史的进程，可以看到迄今为止法律演变的一种趋向，那就是：法律的规定，从本来权利的不平等，发展到扩大权利平等的范围，最后迈向"法律面前人人平等"。本来只有王公贵族才享有各种特权与自由，后来新兴资产阶级争得享受与王公贵族同等的权利和自由，又扩大到除了女人、黑人、穷人以外的民众，再扩大到凡是本国出生的人都平等享有法律规定的权利和自由。这种发展趋势，是历史的事实显示出来的，只要把平等与自由都看作为法律规定的权利，就得承认，权利平等的趋势，也就是自由扩大的趋势，也就是自由与平等逐步重合的趋势，这个趋势以"法律面前人人平等"为其目标。

不过，就是在今天，要真正实现"法律面前人人平等"还是不容易的。这是因为权利不平等现象产生的根源之一，是社会成员占有的资源有差别，即占有财富、权力、地位、名声等等方面有差别。这种差别有利有弊，有利，即指它将推动文明的发展，如果没有这种差别，人类文明必将丧失发展的动力，其结果十分可怕而且十分严重；有弊，是指这种种差别可能趋向"悬殊化"，以损害甚至破坏"法律面前人人平等"原则，将导致文明的倒退或成为文明发展的阻力。之所以说在现实生活中难以真正实现"法律面前人人平等"，就因为存在这种阻力，即社会上始终存在着制造差别"悬殊化"的势力和思想。无数事实表明，那些在占有权力、地位、财富、名声等方面居于高端的人群中，总有一些人企图利用他手中掌握的财富和权力谋求更多的财富、更大的权力，就算遇到法律上的障碍，他们也会运用各种手段操纵法律、越过法律、绕过法律或避开法律，权力、金钱或权力与金钱的勾结，能够产生难以遏止的力量，诱惑、收买、贿赂、密谋、欺骗、造假、讹诈，等等，都是实施这种强大力量的手段，普通民众没有条件也没有必要握有并运用这种强大的力量，但拥有大量金钱和大权在握的人就有可能"由己之愿"地施展种种不正当手段，以享受他们高高在上、与众不同的"自由特权"。所以，尽管用宪法和法律的形式树立了"法律面前人人平等"原则，但是在现实生活中，总有某种势力和思想力图偏离这一原则，制造差别"悬殊化"，从而在事实上制造"法律面前不平等"局面。当然，在占有权力、地位、财富、名声等方面居于高端的人群中，也有不少人能做到遵循法律、公平竞争、回馈社会、关怀低层，不过仅仅依仗这些人的力量还不足以遏止这些制造"悬殊化"的势力和思想。为了尽量接近"法律面前人人平等"的目标，人们应该对已有的历史经验加以总结，发掘、寻找出与此目标相适应的政治体制，并不断完善这种体制，制订出与此相适应的宪法和法律，一方面构建、维持公平竞争的社会环境，以保留合理的差别，另一方面又能够防止和制止"悬殊化"的趋势。这种政治体制就是现代意义上的民主政体，在民主政体建立以后，民主化进程不可能停止，因为要时时地、不断地对付以上所说的、破坏"法律面前人人平等"原则的思想和势力。

其实有不少学者说，"自由与平等是相冲突的"，"自由高于平等"，"平等可以毁灭自由"，"平等可以成为自由的敌人"，等等。可是，这些言论都纯粹是在玩弄语词，完全不顾事实。上文以美国为例回顾了"法律面前人人平等"原则从无到有、逐步确立的历史过程，每一次宪法所增加的平等条款，都使得全美国公民拥有自由权利的总量相应增加，平等与自由就愈趋重合、愈加一致，这种趋势有利于社会成员之间的互相尊重，有利于更多人绽放出个人积极性和创造性，有利于缓和社会矛盾，既有利于个人的自由发展也有利于社会的稳定和繁荣。虽然，在社会现实中难以完全地实现"法律面前人人平等"，可是这只能说明，人们应该更加珍惜这一原则，更加不懈地努力捍卫这一原则，继续努力地探究如何巩固已有的成果，而不是竭力拉开自由与平等的距离，更不应该大力渲染它们二者的对立与冲突。

其实，那些学者所说的"平等"是指什么呢？哈耶克引用 O.W. 霍姆斯的话说："对于那种追求平等的热情，我毫无尊重之感，因为这种热情对我来说，只是一种理想化了的妒忌而已。"他还写道："大多数极端的平均主义要求，都立基于忌妒"。《民主新论》的作者萨托利写道："平等作为一种道德辩护，实际上作为一种道德理想应运而生，但这又是一种太容易堕落的理想。"在他们眼中，追求平等是堕落、嫉妒的表现，他们把"平等"变成贬义词，读者如果坚持法律意义上的平等概念就不会受其影响。在这些学者看来，民主就是让没有选举权的"被雇佣者多数"拥有了选举权，民主让品格低劣的多数处于支配地位，严重损害了"独立者"或雇主的自由和利益，于是就把民主、平等看作是自由的敌人。读者如果坚持法律意义上的"自由"和"平等"概念，就不会受这些言论的唬弄，就能辨识这些言论的实质：维护少数人（精英）的特权和优势，维持多数人（大众）的低人权和劣势。

在所有政治体制中，只有民主政体确立了"法律面前人人平等"的原则，或者换个说法，作为长期政治演变的结果，"法律面前人人平等"的原则得到极其广泛的认同，由此形成的政治体制被人们称之为民主，与此同时，使社会成员中享有自由的总量增加，所以说，只有民主才能实现"独立、自由、平等"的理想。

第三节　哈耶克有关自由的论述

哈耶克在《自由秩序原理》一书中写道："本书乃是对一种人的状态（condition）的探究；在此状态中，一些人对另一些人所施以的强制（coercion），在社会中被减至最小可能之限度。在本书中，我们将把此一状态称之为自由（liberty or freedom）的状态。"又说："一个人不受制于另一人或另一些人因专断意志而产生的强制的状态，亦常被称为'个人'自由（individual freedom）或'人身'自由（personal freedom）的状态。"

乍看起来这些话很有道理，但仔细读读、仔细想想之后发觉，对自由下这样一个定义，颇有缺陷。

其一，"状态"这个词语，用来描绘事物在某时间、某空间所表现的运动特性，如有序状态、混乱状态、稳定状态、多变状态、睡眠状态、昏迷状态等等，该词语描绘的是此时间、空间的运动特性，至于在另一时间、空间将表现出何种运动特性，则是无法确定的。譬如，某人此时此地不受他人强制，可以说他此时此地处于自由的状态，当他在彼时彼地受到他人强制之时，可以说他彼时彼地处于不自由的状态；随着时空的变化，某人可能是自由的，也可能是不自由的，状态的可变使你无法确定某人是否是自由人。当然，人们常常把"自由"看作是描绘人的行为状态的一个词语，譬如"我要像雄鹰一般在天空自由飞翔"等等，但显然不具备任何政治意义。作为一个政治学的概念，自由这个词所指应该是一种价值，一种权利，而不是一种状态。

哈耶克说："一个享有豪奢生活但须唯其君王之命是从的朝臣，可能会比一贫困之农民或工匠更少自由"，又说："一位统率军队的将领或一位指挥大建设工程的负责人，可能在某些方面拥有颇无限制的巨大权力，但较之最贫困的农民或牧民，将军或工程指挥者的自由却可能更少"。这种对比能够说得通吗？朝臣在某个时间空间，表现出面对君王唯命是从的状态，而在另一时间、空间却表现出大权在握无所不能的状态；贫困的农民身处偏僻乡村，成天在田间劳作，与他人很少接触，受他人强制的情形较少发生，而在长年累月中身处社会最低层，忍受着种种屈辱和歧视，且无法脱离被压制的状态。可见，朝臣和贫困农民的生活中，都有哈耶克所说的"自由状态"和"不自由状态"。如果要进行对比，比较谁有"更多自由"或"更少自由"，那就要统计他们处于"自由状态"或"不自由状态"的次数，不经过统计，得不到数据，怎么对比？就算在某时某刻统计出结果，但是在那时刻以后这一结果肯定又有变化。总之，把自由看作是一种行为状态，认为自由可以统计其数量，简直有点荒唐。

　　其二，"被减至最小之限度"这一短语，所表达的也是一种不确定的状态。没有比较，就无法判断是否"最小"，如果当下的情形被确定为"最小"，那么试问，此后的情形是否"更小"？你无法知道也无法回答，因而也无法将当下的情形与此后的情形进行比较。于是"最小"成了一种无法确定的状态，甚至可以说是永远达不到的状态。既然哈耶克的定义所指的是一种无法确定的状态，那么，人们就无法按照该定义去确认一个人是否自由或一个社会是否自由。可是，哈耶克的定义却可以被用来轻易地否定任何社会是自由的社会，因为任何人任何时候都可指责说，强制并没有"被减至最小可能之限度"。

作为社会学、政治学领域的重要概念，自由就是——在法律规定的范围内不受限制地、由己之愿行事的权利。当一个社会确立"法律面前人人平等"原则之时，生活在其中的每个人享有平等的自由，遵循法律行事的每个人都是自由人，尽管现实并非完全如此，但只要这一原则得到广泛的支持和维护，这个社会就可以被认为是自由的社会。

其三，关于"强制"。哈耶克说："对自由的侵犯亦仅来自人的强制"，然而在另一处，他又说："强制不能完全避免，因为防止强制的方法只有依凭威胁使用强制之一途"。按此说法，强制分两种情况，一种是侵犯自由的强制，另一种是防止自由被侵犯的强制，强制既可侵犯自由，也可保护自由，对"自由"可能产生两种完全相反的作用。所以，把"强制"这个词用来定义"自由"，是难以说得清楚的。

他说过："一些人对另一些人所施以的强制（coercion），在社会中被减至最小可能之限度"，并说这一状态就是自由。那么人们要问，是哪一种强制"被减至最小可能之限度"？回答当然是"侵犯自由的强制"被减少。再问"怎样才能使之减少"？回答当然是依靠政府实施强有力的强制。又问："政府实施的强制"也可能侵犯自由吗？当然有可能，于是得到另一个推论："政府实施的强制"应该减少。这样一来，为了使"强制在社会中被减至最小可能之限度"，既要"政府实施强有力的强制"，又要"政府减少强制"，由此，对于政府实施的政策及行动必然产生不同意见，引起争论、甚至冲突。这说明，用"强制"来定义自由，在现实环境中是难以说清楚的。

纵观全文可以看到，哈耶克之所以要把读者的注意力集中在"强制"这个点，是因为哈耶克接下去要论述多数原则具有强制和垄断的品格，论述民主政体下发生的"多数对少数施以强制"的种种现象，从而引导读者树立这样的观念——民主正在侵蚀自由，严重威胁自由，甚至将毁灭自由。

他写道："民主的理想，其最初的目的是要阻止一切专断的权力（arbitrary power），但却因其自身不限制及没有限制而变成了一种证明新的专断权力为正当的理由"，"民主政制必须首先认识到，它必须为自己的愚昧支付学费"，"民主若要维续，就必须承认民主并不是正义的源泉"。

在《通往奴役之路》中哈耶克说道："民主本质上是一种手段，一种保障国内安定和个人自由的实用措施。它本身绝不是一贯正确和可靠无疑的。我们绝对不能忘记，在一个专制统治下往往比在某些民主制度下存在更多文化和精神的自由——至少可以想象一个高度同质化和教条的多数民主政府其统治的压迫程度，或许不亚于最坏的独裁统治。"

萨拉查是统治葡萄牙36年的独裁者，哈耶克把《自由秩序原理》一书赠送给他，并附言"你看了我这本书，就知道怎么对付那些喜欢讲民主的人了"（摘自维基百科）。

第四节 消极自由与积极自由

拉脱维亚出生的哲学家以赛亚·伯林提出两个自由概念，即"消极自由"与"积极自由"。（摘引自《共识网》在 2012 年 4 月 24 日刊登的"以赛亚·伯林：两个自由概念"；《中国法学网》刊登的"积极自由与消极自由"，罗志强翻译）。

按照一般的理解，以赛亚·伯林提出的"消极自由"，可表述为"免于限制的自由"，而"积极自由"可表述为"去做什么的自由"，这里不想太多地讨论如何理解这两个概念，也不想纠缠"消极"与"积极"这两个字眼的意思，主要想指出这两个概念不完整、有缺陷，与此作为对照的，则是上文所说的自由概念，即："自由就是在法律规定的范围内不受限制地、由己之愿行事的权利。"在哲学、政治学或社会学著作中所论述的自由，其实也就是这一权利意义上的自由概念。

再温习一下该定义，它有四层涵义：其一，自由是由法律规定的权利；其二，自由一定是在"规定范围"内的权利；其三，自由是"不受限制"的权利；四是，自由是"由着（或任凭）自己意愿行事"的权利。以上四点涵义，缺一不可地完整地表述了权利意义上的自由概念。为什么说缺一不可呢？第一点肯定了：没有法律就没有自由，这一点当然不可缺少。第二点肯定了：在"范围"上有所限制，法律必须先有"限制"，即对有损于他人的自由行事的状态必须加以限制，才能确立并保护权利，这一点也不可缺少。第三点肯定：凡是法律规定的权利是不可限制的，若是受到干涉、限制，法律必须提供保护。第四点肯定：该权利是由己之愿"行事"的权利，即自由选择意愿并按此意愿"去做"的权利，如果什么不不做，就谈不上什么自由不自由，"去做什么"这一层涵义当然不可缺少。

任何一项法定的自由（权利），都不可缺一地包涵以上四点涵义，每一点都以其它三点作为条件，把其中某一点单独抽出来，就不再构成自由的概念。以赛亚·伯林却把其中的两点分别抽取出来，分别用这两个单独的涵义建立起两个"自由概念"，而且二者又是互相冲突的概念，这种做法，或者说这种思想方法，将会得到什么结果呢？

先来谈谈"消极自由"，即"免于限制的自由"。上面说过，"免于限制"是自由的一个涵义，但这一点必须有其它三点涵义作为条件，也就是说，必须在法律规定的范围以内，或者说，必须在法律对"范围"做出"限制"的条件下，自由才是"免于限制"的。法律划分出一条界限或范围，在界线这一边的范围内，"限制"人们处于自由状态，在界线另一边的范围内，保护人们处于"免于限制"的自由状态，法律的"限制"正是为了让人们"免受他人的干涉、限制、侵害"。对此，以赛亚·伯林自己也认同，上文已经提到，他说过："人类自由行动的范围，必须由法律施以限制"；又说道："我们无法享有绝对的自由，因此必须放弃某些自由，以保障其他自由。"总之，他明明知道，为了保障自由，必须满足"由法律施以限制"这一条件。可是他所建立的"消极自由"这一概念，却只有一个涵义或属性，即"免于限制"，只要满足这一个条件即可成为消极自由，法律的规定、范围的限制、去做什么等这些条件，都一概被隔离了、排除了；同时也意味着，如果不满足"免于限制"这一个条件，消极自由即不再存在，只要出现任何"限制"，就违背了消极自由，亦即压制了或剥夺了消极自由。那么，按照这一逻辑，抵制任何限制的"自由放任主义"当然符合消极自由概念，或者说，消极自由滑向"自由放任主义"是合乎本身逻辑的结果。后来，以赛亚·伯林自己也意识到这一点，在回应批评者的另一篇文章中，承认"消极自由"与"自由放任主义"之间的联系，他写道："毫无疑问，我们记得消极自由的信仰对重大的，长久的社会邪恶产生起到了一定的作用（就思想对行动的影响而言），是与这些邪恶是相容的"。在同一篇文章中还写道："我曾以为几乎每一个对在无节制的经济自由放任主义时期个人自由的命运这个主题关心的严肃的作者已经对此说得够多的了，在此情形下，受到伤害的大多数，主要是在城市里，儿童在煤矿和工厂里受到摧残，他们的父母生活在贫困，疾病和无知中"，可见，他自己也觉察到，他推崇的"消极自由"，滑落到了"自由放任主义"，并对"重大的，长久的社会邪恶产生起到了一定的作用"。

"消极自由"这个概念是这样建立起来：把完整的自由概念施以割裂，按一种极端化的方法，片面强化其某一个涵义，由该孤立单一的涵义构成新的概念。这样形成的概念当然是一个有缺陷的、站不住脚的概念，这也是一种极端化的思想方法。

以赛亚·伯林建立的"积极自由"概念，表述为"去做什么的自由"。他是把"积极自由"作为"消极自由"的对立面建立起来的，他推崇"消极自由"而否定"积极自由"，他所说的二者之间的区别简直就是势不两立，他说："实际上，它们的区别非常重大，以至于造成了今天主宰着我们这个世界的、各种意识形态的冲突。因为相信'消极的'自由概念的信徒，认为'积极的'自由概念有时只不过是残酷暴政的华丽伪装而已；而'积极的'自由观念则认为，自由不是'免于……的自由'，而是'去做……的自由'——去过一种已经规定的生活形式的自由。"两种自由概念的区别，居然造成了主宰世界的冲突，这种区别当然非同小可。

以赛亚·伯林建立"积极自由"概念所使用的办法，跟建立"消极自由"的方法是相同的，即他把完整的自由概念中的涵义之一与其它涵义分割开来，抽离出来，作为单独的涵义形成新的概念。这概念只需满足一个条件，即可成立，只要满足"去做什么"这一条件，就可以当作为"积极自由"。因为这种"自由概念"没有其它条件的制约，没有"法律规定的范围"、"免于限制"等条件的制约，只有孤立的一个"去做什么"的涵义，所以，"按照规定去做什么"，或"听从他人的限制去做什么"，或"服从他人的领导去做什么"，等等，都符合这个概念的涵义，都属于"积极自由"。以赛亚·伯林就是这样建立起一个作为否定对象的"积极自由"概念，引导人们随意引申或随意解释"积极自由"，把它演变成为"接受限制的自由"，与"免于限制的自由"相对立，引导人们跟着他去否定"积极自由"。但这是对读者有意的误导，实际上，连他自己在以后不得不改口。在回应批评者的另一篇文章中他写道："通过国家或别的权利机构进行干预，确保积极的自由和最低限度的个人的消极自由得以实施。"先前，以赛亚·伯林说"消极自由"与"积极自由"的区别造成了"主宰世界的冲突"，后来他却又承认，这势不两立的双方可以共存，而且应该"确保"二者得以实施，互相冲突的"自由"怎么又可以共存？势不两立的双方怎么又必须都得以实施？以赛亚·伯林建立的模棱两可的概念，使他自己前后矛盾起来，当然也会使读者产生误导和混乱。

导致以赛亚·伯林这样做的原因之一，就是他的片面化、极端化的思想方法，在一大段文字中有所表露，这段话很长，但如果经过删减就难以说明问题，只好引述如下：

"斯宾诺莎告诉我们说：'儿童虽然受到强制，但他们却不是奴隶。'因为'他们所服从的命令，是为了他们的利益而下的命令’，而‘一个真正的共和国里的人民，不会是奴隶，因为这个共和国的共同利益里，就包含了他们自己的利益’。同理，洛克也才会说：‘没有法律，就没有自由’，因为理性的法律，是人类‘适当利益’、‘共同利益’的导引；洛克并且补充说，既然这样的法律，是‘使我们免于陷入泥沼、或堕入悬崖’的东西，把他们称为‘束缚’(confinement)，是没有道理的；也因此，他才会说，要逃避这种法律的企图，不是理性的，是‘放纵的行为’、‘没有人性’等等。孟德斯鸠在这一问题上，也忘了他那自由主义的主张，而说：政治自由并非扭曲我们做想要做的事，甚至也不是任由我们做法律允许之事，政治自由只不过是‘有力量去做我们应该想要做的事’；康德也重复了同样的主张。柏克宣称，基于个人自己的利益，我们必须限制个人的权利，因为，‘我们假定所有有理性的人都会与事物的既定秩序相一致，而同意这种限制’。这些思想家，以及在他们之前的经验哲学家，在他们之后的雅各宾党徒、及共产主义者的共同假定是：不论我们那可怜、无知、充满欲望与激情的‘经验自我’如何反对，我们每个人‘真正’本性中的理性目标，都必定互相吻合、或必须使他们互相吻合。自由并不是去做不理性、愚蠢、错误之事的自由。强迫我们的‘经验自我’去合于正确的模式，并非暴政，而是解放。……如此，自由非但不是不能和权威相容，反而实际上变成了权威本身。十八世纪里所有关于人权的宣言，所包含的便是这种思想，所使用的便是诸如此类的说辞。"

以赛亚·伯林在这一大段话语里究竟说的是什么意思？第一，他要告诉人们，洛克、孟德斯鸠、柏克等等"这些思想家"，还有"在他们之前的经验哲学家，在他们之后的雅各宾党徒、及共产主义者"，还有起草"十八世纪里所有关于人权的宣言"的人，所有这些人都有一个"共同假定"，所有这些人的说辞里"所包含的思想"都有共同点。第二，他揭示出这"共同假定"是：要保障自由，就必须依赖法律的限制；这些人的共同点是：有理性的人都会同意法律的限制。第三，他指出，所有这些人的共同点导致了这一结果：自由变成了权威本身，或许他是想说自由走向其反面。

可是在"这些思想家"跟"雅各宾党徒及共产主义者"之间寻找"共同点"，这种做法，恰恰显露出以赛亚·伯林自己的缺陷，站在极端位置的人，的确会把所有人的位置统统看作为左（或右），而且对他们的左、中、右不屑加以区分，以赛亚·伯林正是站在极端位置的这种人。

以赛亚·伯林为什么要提出两种自由的概念呢，一个目的是要推崇一种自由，能够使人们实现这一愿望——"要自己治理自己，或参与控制自己生活过程的欲望"，这一点没有错，自由的定义指出自由是"由己之愿而行事"的权利，说的就是实现这一愿望的权利。他的问题在于片面地、极端地否定任何的限制，这也就是他在自由前面加上"消极"二字的用意，可是最后还得自己否定自己。第二个目的是要揭示"残酷暴政的华丽伪装"，他的这方面论述，从某种角度来看相当精彩、颇有味道，不过他把"伪装"说成是"积极自由"，那就欠缺了，不只是因为"积极自由"这个概念本身有缺陷，更因为是他所批判的对象根本不是他以为的"积极自由"，那个对象是不折不扣的"伪自由"，具体地说就是卢梭的"伪自由"。以赛亚·伯林在反思之后承认要"确保积极的自由和最低限度的个人的消极自由得以实施"，似乎"积极自由"的确有积极的一面，但是卢梭的"伪自由"其实质是"反自由"，以赛亚·伯林把"积极自由"与"伪自由"混为一谈，表露出概念的混乱。

以赛亚·伯林多次提到卢梭，口气也十分强烈，他说："卢梭是个人自由最危险的敌人"，还说："卢梭的著作在罗伯斯庇尔的手中,变成一种沾满血渍的武器,摧毁了欧洲的旧体制。"他跟英国哲学家罗素的看法相同，认为罗伯斯庇尔实施的暴政正是卢梭思想的直接结果。他的这一判断没有错，不过他把暴政的"华丽伪装"说成是"积极自由"，那就有问题了。（关于卢梭的自由观，前文已经评析过，这里不再赘述）

以赛亚·伯林还有第三个目的，就是要通过否定积极自由来否定民主，同时挑起"民主"与"自由"的对立，以"自由"的名义来否定"民主"。

以赛亚·伯林对于民主的排斥情绪和否定倾向，是显而易见的，他屡次把矛头针对他所谓的"民主"，譬如："一个民主社会，事实上可能剥夺一个公民在别种形式的社会里所能享有的许多自由。个人自由和民主统治之间，没有什么必要的关联。"再譬如："民主政治或许能够消除某一寡头政权、某一特权人物或特权阶级的害处，但民主政治仍然可以像它以前的任何统治者一样，对个人施以无情的打击。"又譬如："民主式的主权，也不是各人治理自己的意思，在最好的情况下，也仍是'每一个人都由其余的人治理'。穆勒和他的信徒，都曾经谈到'多数人的暴权'以及'流行感觉和意见的暴权'，并且认为这种暴权，和其他任何侵犯到人类神圣和生活领域的暴权之间，并没有太大的分别。"

在他看来，"民主"事实上可能剥夺公民的自由，"民主"仍然可以对个人施以无情打击，"民主式的主权"会导致多数暴政，这种暴政跟一切暴政没有两样……，在他的头脑里，"民主"不是个好东西，就像"积极自由"不是个好东西一样。

以赛亚·伯林所谓的"民主"，是指什么样的民主呢？有一段话表明，他指的是"卢梭的自由"，而"卢梭的自由"也就是"卢梭的全民主权"，其主要特征就是"每个人都享有公共权力"，这段话是这么说的："卢梭所指的自由，并不是个人在某一特定范围内，不受别人干涉的'消极'自由；他所指的自由乃是：每一个绝对有资格成为社会一分子的人，都有资格享有公共权力（public power），而不只是某些人才有资格享有这种权力；而所谓公共权力，则是一种有权利去干涉每一位公民的全部生活之权力。十九世纪上半叶的自由主义者，很正确地看出，这种意义下的'积极'自由，很容易会摧毁许多他们认为神圣不可侵犯的'消极'自由。他们指出：全民的主权，可以很轻易地摧毁个人的主权。"接着说："民主式的主权，也不是各人治理自己的意思，在最好的情况下，也仍是每一个人都由其余的人治理"。以赛亚·伯林还把这种"全民的主权"或"民主式的主权"，看作为"无限制的权威"，他说："一种'无限制的权威'，即通常所称的'主权'，已经成功地崛起"。他心目中的民主就是卢梭的"人民主权"，他的批判没有错，但是他把"伪民主真独裁"当作民主来批判，那就大错特错了。

把卢梭作为靶子来攻击民主，这种做法造成很严重的思想混乱，直到今天还有不少学者仍然以为"卢梭的民主"就是民主，学着样子用卢梭作为靶子来批判民主，从而散布对民主的怀疑、排斥、贬低甚至惧怕的情绪。这种现象也再一次证明，必须认真对待"民主是什么？"以及"什么是伪民主"这样的问题。

民主、自由和平等是政治哲学的三个基本概念，本书已经对这三个概念做出了清晰的表述，并论证了只有民主政体才能实现追求自由平等的理想，这将有助于人们抵御那些歪曲、贬低民主的言论，这些言论把三者割裂开来，极力渲染它们之间的矛盾和对抗。

第五章　竞争论——民主的理论基础

第一节　竞争论的主要观点

政治哲学的学者心中都有一个关于"良好社会"的图景或理念，他们提出的理论都在阐述"怎样才是良好社会"以及"怎样建设良好社会"，自古至今无不如此。

古时以中国的儒家、希腊的柏拉图为例。孔子、孟子、荀子都提出，社会成员分成等级、一级制约一级、每个人坚守名分的社会，是稳定有序的、良好的社会。柏拉图也提出把人分出等级，在哲学家皇帝的统辖之下各等级恪守本分、通力合作的社会，是尽善尽美的社会。

近代以洛克、卢梭为例。洛克提出社会成员都是独立、自由、平等的个人，人们通过和平协议产生权力、建立政府、制定法律，以保护每个人的生命、财产、自由等权利，这样的社会是良好的社会。卢梭提出，每个人的生命、财产、自由等权利都应上交给集体，全体一致地绝对服从"公意"，人人平等，团结得像一个人一样，这样的社会才是良好的社会。

现代以哈耶克、罗尔斯为例。哈耶克崇尚自由，他提出每个人的自由有"多与少"和"有用与无用"的区分，社会的繁荣与进步主要依赖精英（如雇主），应该让精英们拥有更多的、更有用的自由，大众（如被雇佣者）的资质较低，如果由大众的意志主宰社会（如被雇佣者凭借多数原则决定政策法规），将压制精英的自由，社会不再能繁荣进步而将衰落退步。罗尔斯崇尚平等，他提出良好的社会应该是正义的社会，正义的原则是：资源（社会基本益品）分配必须人人平等，除非资源不平等分配有利于最少受惠者。

本书所言之"竞争论"提出，良好的社会是建立良性竞争秩序的社会，认为要以"竞争"为出发点或基点，去考察、研究社会现象；要以探索怎样建设良性竞争秩序作为我们的目标。"竞争论"有哪些基本的观点？它与上述各种政治哲学有哪些区别？

首先，第一个观点——竞争，无处不在，无时不有。

"竞争论"认为，在社会的人之间、自然界的生命体之间，存在着最为普遍、也是最为重要的行为及其关系，那就是竞争。

每个人都可以回顾一下自己的人生，忙忙碌碌在做些什么？——无非就是求生存、求发展，就是创造和获取生存发展所需的资源。求生存，要满足食物、住所、衣着、保健、驱病等等需求，以保存和维护自身的机体，还要保存和维护自身的精神，包括尊严、感情、经验、偏好、观念、信仰、思想等等。求发展，需要配偶、子女、家庭、更多的收入、更好的享受、更大的名声、更高的地位等等。这一切生存及发展所需的资源从哪里来？

都不可能自动送上，只有靠每个人去创造、去获取资源。如果这些资源足够供所有人获取，当然就不会有竞争，但事实上不可能。当资源只能供给少数人之需要时，就必定会发生竞争，资源愈加稀缺，竞争就愈加激烈。

生存是人的第一欲求，获取自我保存的资源是人的第一位需求，在资源缺乏的情况时参与竞争是每个人必须经历的事情，逃避竞争、不敢竞争者，就会无法维持生命，而勇于竞争、强势竞争者则利于保存自己。在现代，人类中大部分人生存需要的资源基本能够满足，但谋求发展所需的资源，却永远不能满足，其中大部分属于稀缺资源。人们渴望得到美的女人、好的职位、高的教育、多的收入、大的名声、强的权力，可是这些发展所需的资源皆属稀缺，只能供少数人据有，逃避竞争、不敢竞争者，就将难以得到发展而落于劣势、弱势，而勇于竞争、持强竞争者则将出人头地而占据优势、强势。总而言之，求生存、求发展是生命乐章的主题，而竞争则是生命的"主旋律"。

每个富有生活经验的人都能体会到，就是在最亲密的人之间也充满着竞争，夫妻之间争谁说了算，兄弟姐妹之间争财产、争宠爱，两代人之间争控制权、争自由，等等诸如此类的事情，有谁不曾亲身经历过？在亲戚、朋友、邻居、同事等这类圈子里，拉拢一些人（合作），排斥另一些人（对抗），有谁不曾亲眼见识过？

每个富有社会经历的人都能体会到，竞争充满了人类社会的各种层次，个人与个人，群体与群体，阶级与阶级，民族与民族，国家与国家等；涉及很多领域，政治、经济、军事、文化、宗教、科学、技术等。竞争是个人生活的"主旋律"，也是社会生活的"主旋律"。

或许人们会从另外一种角度描绘人类社会所展现的图景：互爱互助实现共同的愿望，血缘之情和异性之爱蕴涵着温馨和甜蜜，遵循法律和道德的规则维护和谐的生活，消费、娱乐、运动为人们带来快乐，盛大的节庆洋溢着欢乐、祥和的气氛，等等。或许人们会说，在这样的图景中哪有竞争的影子？的确，当人们获取资源享受其成果之时，将会呈现上述图景，但是这些供人享受的资源是怎么得来的？是天上掉下来的？是有人无偿送给的？可以想见人们都会这样回答：是付出劳动和智慧并通过交换得来的。在现代生活中，你找到了工作，你的劳动成果通过交换而得来资源，从中取出一份分配给你。创造——交换——得到，这就是获取资源的合法途径，而在这一过程中始终存在着竞争。首先你必须得到一个"付出劳动和智慧"的机会和职位，这就会与同样寻找该机会和职位的人互相竞争，然后你必须保持这一机会和职位，以免被他人取代，一旦失去就无法在交换中得到资源。另外，在交换过程中，将遇到需方与供方、价格、质量、产量等方面的竞争。享受资源的前提是拥有资源，出现上述图景的前提是参与竞争而获取资源，任何人、任何群体想逃避竞争或不敢竞争，就将难以维持生存和发展，并从上述图景中消失。

其次，第二个观点，竞争是人类社会发展的动力。

原始时代的人通过狩猎和采集从自然界获取生存资源，假设这些资源取之不尽，则人类将始终处于野蛮状态，因为他们无需凭借人为的力量去改变所处的环境，不思进取也能维持生存，这当然是不可能发生的事情。由于天灾、猛兽、外侵、人口增长等等原因，人们不可避免地会遭遇因资源缺乏而危及生命的情况。为了求生存，人们必须想方设法应对各种挑战，与大自然竞争，与入侵者竞争，通过不断探索、试错而积累经验，创造出耕种和畜牧等办法以获取资源。从耕种与畜牧业产出的资源甚至会超过自身的需要，于是就通过实物交换而获取其它资源。交换过程中的竞争，使人们认识到谁的物品又多又好就能换取更多的资源，这促使人们运用智慧和劳动产出更多更好的成果，人们竞相扩大耕种面积，琢磨如何适应天气变化，摸索植物生长的规律，试验各种工具的效用……。货币的发明和流通，让人们可以积累财富，更激发了人们在提高产量和质量上展开竞争。从此，劳动工具的不断创新，生产规模的日益扩大，分工愈加细致繁复，造就出日益繁荣的经济。竞争需要合作，合作是竞争的方式，是为了聚集众人的力量，以更加强大的集体力量参与竞争、参与对抗，最初是家庭内的合作，进而是家庭间的合作，又发展为部落间的合作……。人类社会正是在竞争过程中求得发展，竞争既是个人发展的动力，也是社会发展的动力。逃避竞争、怯于竞争的社会，都将处于弱势、劣势，或趋于衰败。

如果哪一天这个世界不再有竞争，那么生命将枯竭，生命体将不断退化，如果说上帝创造了人，那么他在给泥人躯体吹气的当口就播下了竞争的基因。

再次，第三个观点，社会现象源于人与人之间的相互关系和相互作用，其中最重要的就是竞争的"关系和作用"，研究社会现象应以竞争为出发点或基点。

考察、解释任何一项集体行为，先要分别考察该集体中的个人（领袖、骨干、跟随的群众)，包括他的动机、目标、观点，他与别人的相互关系和相互作用，以及他在集体行为中起何种作用等等，只有这样我们才能弄清楚集体行为什么发生、怎么发生、有何种结果或为什么出现这种结果等等。考察研究社会现象也是同样如此，实际上，社会现象正是人与人之间的相互关系和相互作用的综合结果。社会演变是如何发生的？明朝是如何建立的？要回答这问题，必须要去考察朱元璋、郭子兴、张士诚、陈友谅等这些人的动机、目标、观点，他与别人的相互关系和相互作用，以及他在夺权过程中起何种作用等等，在考察的基础上，将会发现这一切事件的起点就是竞争，即争夺资源、争夺权力。

社会学界长期存在的分歧之一，是有关"社会"与"个人"的关系。一种观点认为社会是独立于个人的"客观存在"，社会是一个有机整体，有着自身固有的结构、性质、变化规律，社会现象完全不同于个人行为，个人是社会的产物，等等。另一种观点认为，社会不是独立于个人的"客观存在"，社会现象是个人行为的综合呈现。"竞争论"认同后者，同时也肯定社会现象有其连续性，譬如一些传统和习俗会长期延续，对后代的成长产生很大影响。对于每一个"我"来说，似乎"社会"像一个"客观存在"那样对"我"产生影响，似乎那些传统和习俗就是"社会"固有的性质，其实社会现象的延续不过是大多数人习惯之综合结果，长期延续的传统和习俗最后终究会随着大多数人的行为而变化，归根到底还得通过个人行为予以解释。

有学者认为，人自出生以后，始终感到自己生活在社会的环境之中，社会先于个人而早已存在，人的成长也始终受社会环境的影响，所以把社会看作独立于个人的客观存在，似乎符合人生经验。然而，实际上每个人所接触并与之互动的不是"社会"，而只是周围的人群，他所受的影响也不是"社会"所给与，而是人群中的某些人所给与，且在多数情况下是个人与个人之间的互动。每个人都只是在有限的范围里与他人互动而积累了直接经验，加上间接经验（如教育、传播所给与的），接受了"社会"这个概念，但它只是抽象的概念，作为思维的工具在头脑里存在，并不是什么独立的"客观存在"。

正像社会学家韦伯所言："社会学是通过对社会行动的解释性理解以获得对这一行动进程和结果的因果性解释的科学"。注意，这句话中的"社会行动"是指个人行为，指有社会意义的个人行为。所谓"社会行动"也就是涉及人与人的关系的个人行为（不是所有的个人行为都涉及与他人的关系，有些个人行为发生在纯粹私人的空间，与社会现象较少关联）。"竞争论"认为，在人的"社会行动"中最主要的、大量的个人行为就是竞争的行为（不是所有与他人发生关系的行为都是竞争行为，譬如，人们在一起享用资源的行为），竞争是每个人的一生中为了谋求生存、发展的资源而孜孜不倦、持续不断、不可或缺的行为。因此，社会学应以竞争作为出发点或基点。

"竞争论"坚持认为，社会现象是人与人的相互关系及相互作用之综合结果，这一点十分重要。那些宣称"社会决定个人"、"个人是社会的产物"的理论，其危害性在于消除个人参与竞争的动力和能力，把人作为工具。譬如，所谓"经济基础"、"上层建筑"等等诸多提法，都把社会看作是一个独立的"客观存在"，有其自身的结构、性质和变化规律；似乎"经济基础"和"上层建筑"之类就是社会的结构，似乎这二者的"辩证"关系决定了"社会形态"及其演变（规律），似乎这样的理论可以消除"个人的"、"主观的"因素，因而更"客观地"、"唯物地"认识社会现象。可是这套理论对于中国二千多年来的"社会形态"及其演变却无法做出解释，无法解释从秦汉时代到二十世纪的"上层建筑"为什么没有发生根本变化？对于中国近百年多来的"社会形态"及其演变无法做出解释，无法解释从满清政府、中华民国到毛泽东时代、邓小平时代各时期的"经济基础"如何决定了"上层建筑"？这一类理论掩盖了个人与个人、群体与群体之间争夺资源、争夺权力的真相，从而也掩盖了这些理论的倡导者个人夺取和维护政权的意图。这一类理论把真实的一个个人虚化了，消去了个人与个人之间的相互关系及相互作用，个人在"经济基础"和"上层建筑"这类"宏大的客观存在"面前显得何等渺小，实际的后果就是抑制了大多数人个人奋斗、独立思考、参与竞争的动力和能力，成为"驯服工具"，听从这些理论的倡导者任意摆布。

第四个观点，认为竞争有对抗和合作两种方式，有良性和恶性两种性质。

有人认为竞争就是对抗，合作则不是竞争，此说有误。当然，竞争有得失胜败，胜而得，败而失，表现为对抗的方式，但也可能是既得又失、既失又得，表现为合作的方式。竞争需要对抗，也需要合作，竞争就必定有这两种方式。

对抗和合作的目的都是为了创造、获取、维护生存和发展所需的资源，对抗是用压制、排斥、剥夺、消灭对手的方式以达到目的（零和博弈），而合作则通过各方互利、协力行动以达到目的（变和博弈或非零和博弈）。对抗是消除异己，合作是求同存异。市场上的交换就是一种合作竞争方式，各方都在产品的质量、数量、价格、效用等方面展开竞争，并各有所得但有差异。订立契约或结盟是一种合作方式，它需要各方做出退让，任何一方的退让就是对方之所获，各方都在合作中有付出和收益，各方也都在考量付出和收益如何得以平衡，在一失一得、一付一收之中，必然有讨价还价的反复，这就是竞争。合作竞争之所以重要，还在于它能汇聚参与者各方的力量，形成更大更强的力量，有利于应对天灾、外侵等等。把合作说成是"无私援助"，那是真实的谎言，如若只由单方面的退让、牺牲却得不到回报，则终将导致合作破裂、进而对抗。无论是在竞争中对抗还是合作，都是暂时的，根据竞争的需要，两种方式常常交替出现。

婚姻是合作竞争方式的一个实例，夫妻双方有着共同的目标，即建立家庭、养育子女、享受夫妻生活的欢愉、享受天伦之乐，夫妻合力参与社会竞争以获取所需资源；夫妻之间也有竞争，双方都有各自的性格、尊严、习惯、处事方式、思想方法等等，其中有的可能相容，有的却是相斥，在日常生活中经常会遇到诸如"谁说了算"、"谁来担当"的争执，如果处理不当，双方偏激相待，就可能趋于对抗，合作破裂，导致离婚。

民主国家里的两党（或多党）竞争，也是合作竞争方式的实例。各党都遵循共同的规则（宪法），都把国家的安定有序、进步繁荣作为共同的目标，以此作为合作的基础，共同合力创造和获取社会发展所需资源，与此同时，各党在利益诉求、价值取向、权力分配等方面都有竞争。一旦共同的规则、目标不再能够约束双方，就可能发生对抗，导致社会的分裂和混乱。

竞争不但有两种方式的区别，还有两种性质的区别，那就是良性的竞争和恶性的竞争。恶性竞争是指使用暴力或欺骗的手段，窃取或掠夺他人生命及其资源的竞争行为；与此相对，良性竞争就是指本着契约和诚信的精神，遵循共同规则的合作竞争行为。人类社会的秩序相应地也有两种性质的秩序，即为良性竞争服务的秩序和为恶性竞争服务的秩序，良好的社会就是建立良性竞争秩序的社会。

第五个观点，认为思想理论是竞争的产物和工具。

思想理论都是人的主观产物，是人们在谋求生存和发展的过程中逐步形成的，每个人受自我保存、自我发展的欲求之推动，在参与竞争的过程中，在与环境（自然、社会、人）的相互作用过程中积累了大量经验教训，每个人都凭借这些经验教训去发现和吸收对自我有利的观点，并在此基础上经理性思考而形成自己的思想。不存在什么先天的经验，也不存在什么先天的概念，每个人的经验只能在亲身经历中获得，每个人的思想只能在自身经验的基础上形成。每个人的思想都有差异，因为每个人在天赋、教育、环境、经历等等方面不可能完全相同，由此积累的经验也不可能完全相同。在这世界上找不到两种完全等同的事物，但能发现事物间有相同之处。是与非，真与假、善与恶、丑与美，这些用词语标志的差异永远不会消失，有差异就有竞争，竞争的结果可能扩大差异，也可能缩小差异，还可能产生重叠或有条件的共识。

人们出于竞争的需要而获得经验、形成思想，思想是竞争的产物，又把思想看作是有利于自身谋求生存和发展的武器，后续的生存发展需要又推动每个人努力保存、维护、传播和发展各自的思想，思想之差异又带动竞争，促使人类思想之库愈来愈丰富、愈来愈多彩。竞争是人类思想发展的动力。

从竞争的角度看待人的思想，就会同意这样的观点——不存在唯一的、永恒的、普遍的、客观的"真理"。真理这个词语是人们用来表明自己（或所认同）的理论是正确的，但是，既然理论是竞争的产物和工具，那么每一种理论都会面对与之竞争的理论，且都声称自己的理论是正确的"真理"，于是出现了多个"真理"之间互相争论的现象，人们不可能找到"唯一正确"的那一个；既然每一种理论都是主观的产物，而对其做出的评价也都是主观产物，那么就不可能存在一个"客观的"、权威的标准来判定哪一个是"真理"。所以，当我们使用真理这个词的时候，别忘了它仅仅是从相对意义上而言的。我们仍然可以认为"寻求真理、坚持真理"这些品质具有积极意义，但也不能盲目执迷于任何一个"真理"。

"竞争论"与前文所述的政治哲学有何区别？

首先一个区别，是关于如何看待竞争，这也是政治哲学研究的重大课题。

一类思想家、理论家宣称，竞争是社会乱象之根源，提出应该对竞争加以限制，办法就是用法律和政治权力强制地确立等级制，各人生存和发展所需资源，均按等级由高到低强行分配。另一类思想家、理论家宣称，不但竞争是乱象之根源，等级制也是乱象之根源，必须消灭竞争和差异，资源分配必须人人平等，才能建立最美好的社会。

儒家的荀子（公元期 315-238）和希腊的柏拉图（公

元前 427-347）就属于第一类政治哲学。荀子曰："执位齐（即等级平等），而欲恶同，物不能澹（足够），则必争。争则必乱，乱则穷也"。又曰："人生而有欲；欲而不得，则不能无求；求而无度量分界，则不能不争。争则乱，乱则穷"。柏拉图问，为什么理想的境界、希伯来传说中的"乐园"等等美好愿景永不见于这个地球？那原因就是人类贪欲和奢侈的本性，永不满足，野心难填，为了争夺资源而互相侵犯，战乱不断。他们两位都把竞争作为"乱"的根源，也都为实现社会的秩序和稳定而提出各自的办法。

荀子曰"制礼义以分之，使有贫、富、贵、贱之等，足以相兼临（制约）者，是养天下之本也"。意思是说，将人分出贫、富、贵、贱，使富贵者足以制约贫贱者。荀子又写道："无君以制臣，无上以制下，天下害生纵欲，欲恶同物，欲多而物寡，寡则必争也"。荀子的办法一言以蔽之就是"以分之"，制定"礼法"（法律），将社会成员分出等级，按等级分配资源，按等级分配权利，如此这般，天下无争，无祸无患，共享太平。

柏拉图则创想了一个"理想国"，也主张"分"，将社会成员经过层层筛选而区分出若干等级，最高等级是统治者，是哲学家皇帝；次一等级是官吏、将士；最低一级是生产劳动阶层。他还将人的身体来做比喻，最高的部位是头脑，智慧之所在，对全身起着指挥、控制的作用，这就是哲学家皇帝的位置。下面是心胸，情怀之所在，贵情操、讲忠诚、重荣誉，这就是官吏将士的位置。最低的是下身，欲望之所在，只知道满足自己的欲求，追逐利益，这是生产劳动者的位置。他认为这样区分等级以后，在大智大德者的统治下，人人恪守名分，安分守己，天下共享太平。

儒家和伯拉图思想影响十分深远，可以说两千多年来，许多社会学和政治学的学者都受其影响，这是因为它有事实依据。这依据就是社会成员的分化，在任何社会里，每个人占有资源之多寡以及社会地位之高低，都是有差异的，而且这一事实自古以来没有改变过。"分"，名分，等级，这些概念似乎很容易被广泛认可。

可是，这一类思想家提出的办法，有否成效？用政治、法律的手段把"等级"形成一种制度，以上制下，下不犯上，就会"不争"、"不乱"？历史事实证明并非如此。这是为什么？作何解释？原因就在于，这一类思想家不知道竞争是无法限制的，他们以为只要分出"上"与"下"，"以上制下，下不犯上"，就能"各守本分"，但是，他们这一套却限制不了"居上"者（有权有势者）之间的竞争，而这一方面的竞争亦即争夺政治权力的竞争恰恰是乱象之重要原因。另一方面，"居下"者的不满和反抗始终存在，在一定条件下，"上"与"下"结合，终于酿成大乱。

另有一类思想家，不同意上述理论，认为社会混乱的根源不但在于"竞争"，还在于"等级"，正是不公平的"等级制"加剧了社会的矛盾冲突，要建设美好社会，不但必须消灭"竞争"，更重要的是要消灭等级和差异，使人人一律平等。卢梭和马克思是其代表。

卢梭提出，人人必须服从"公意"的绝对权威，任何不服从者必受惩罚，必须把生命、财产、一切权利都上缴给"集体"，由"集体"按生存之所需分配资源。一切都上缴了，还能凭什么去跟人竞争？大家都一样，还有什么好争的？人人一律平等，只有这样，所有的人不相竞争，且紧密团结得就像一个人那样，这是最美好的社会。马克思则提出，最美好的社会是共产主义社会，要消灭阶级，消灭差异，消灭"三大差别"，实现人人平等、个个自由。

卢梭、马克思所代表的理论，其实践的结果是给人类带来了灾难。其实，这种结果早已隐埋在其理论之中。这种理论的要害在于：一是，把"公意"或"客观真理"奉作绝对权威，这是蒙蔽民众的谎言，世界上不存在永恒不变的"公意"或"客观真理"；二是，要求全体一致服从绝对权威，而"全体一致"或"绝对服从"必须由暴力和谎言来支撑；三是，由把握"公意"或"客观真理"的人掌握绝对权力，这才是这些理论炮制者的真实想法，暴露了他们要夺取权力的企图，也预示着出现特权阶层的必然结果；四是，其宣称要"消灭"的东西——社会分化及其造成的差异——是无法消灭的，实际上只是个幌子，他们真正要消灭的，是与之竞争的所有对手和敌人，以达到垄断权力的目的；五是，手段残酷，卢梭说，反对"公意"者将被驱逐、流放、下狱、处死，马克思主义者要实施专政，"枪杆子里出政权"，这种理论推崇"正义的目的可以不择手段"。这类人自己心里很清楚,"全体一致"是不可能实现的,但在"全体一致"的旗帜下他们可以把暴力和欺骗纳入"正义"之举。暴力、谎言、垄断权力、欺凌民众,这一切正是这种理论所提供的恶性竞争的手段。

以上两类理论,一是要限制竞争,实际上是限制那些可能与之竞争的对手和敌人,二是要消灭竞争和差异,实际上是要消灭对手和敌人,他们都是为了在政治竞争中达到其目的——垄断权力,掌握资源分配权,主宰天下。这些历史的经验教训恰恰证实了一个观点,即理论从来就是竞争的产物,理论从来就是竞争的工具。

竞争是生命乐章的主旋律,是人类及其社会发展的动力,必须正视竞争。社会乱象根源不在于竞争,而在于恶性竞争。我们的目标不应该设在限制或消灭竞争,而应设在寻找建立良性竞争秩序。

其次,第二个区别是,是关于如何看待自由、平等,这也是政治哲学研究的重大课题。

"竞争论"认为,无可避免的竞争必然导致差异,即人们占有的物质资源和精神资源方面的差异,社会的分化、思想观点的分歧也就无可避免,有关自由、平等的分歧亦是如此。

洛克的理论为现代民主奠定了基础,他对自由的定义是一块里程碑,但他的"平等观"里,却没有女人和奴隶的位置,那是历史的局限。维克托尔认定平等是世界潮流,但又提出平等将有损于自由。哈耶克崇尚自由,说平等将使社会走向衰落。罗尔斯偏好平等，又自认是自由主义，想把自由与平等揉在一起，却在他的"无知之幕"后露出了卢梭"公意"的影子……。人们看到曾有无数文字卷入了有关自由平等的争论之中，古典自由主义、新自由主义、自由至上主义、自由主义的平等主义、激进平等主义等等各种理论让人眼花缭乱。以上种种表明，关于自由平等的讨论似乎不会停歇。

从争论中大致可以看到有两方阵营，人们称之为右与左，一方高喊自由，反映了精英的利益（精英即指占有很多资源的、强势的、优势的少数人），另一方呼唤平等，反映了大众的利益（大众是指占有少量资源的、弱势的、劣势的大多数人）。精英说道，我们之所以成功是因为我们聪明、勤奋、坚强，我们需要享有充分的自由，尽情地发挥优异的素质，这是我们的权利，大众之所以失败是因为他们愚蠢、懒惰、软弱，失败者要跟我们讲平等，要平分我们的财产，要跟我们平起平坐，那是要限制我们的自由，侵犯我们的权利……。大众说道，资源是公有的，财富是共同创造的，凭什么你们要占得多于我们千百倍？这是剥削的结果，是不公正的，平等是我们应有的权利……。一方说，人生下来就是不平等的，另一方说，人人生而平等。一方说自由的价值是高贵的，平等出自妒忌心理，另一方说平等是终极价值。一方斥责"左"之不端，另一方批判"右"之罪恶。这一切都表明，自由与平等的分歧来源于竞争的需要，是获取和保护资源的需要，或者说分歧的实质在于如何分配资源的竞争。由于竞争永远不会停歇，人与人在占有资源方面的差异永远不会消除，因而关于自由于平等的争论也永远不会停歇。

如此看来，左与右的纷争似乎可以归结为两个阶层即精英与大众的矛盾，但是，这恐怕只看到了一个方面。左与右的纷争之所以不会停歇，除了人们在资源分配上的竞争这个原因以外，还有一个原因，即它们各自都有据以立足的事实和道理。右派认为，一切进步繁荣创造发明都是少数人先行的结果，主要是少数人的功劳，激发这少数人的积极性对社会有利，少数人的成功给大多数人带来了好处，如果挫伤了、抑制了他们的积极性，对整个社会的繁荣进步不利。左派认为，少数人依仗他们的优势和强势，剥削和压迫大多数人，这种社会不公正现象是社会乱象的根源，这种现象必须加以纠正，否则社会不得安宁。两方都以维护全社会的福祉（进步繁荣、安定有序）作为宗旨，也都有历史事实作为证据，所以都能在社会成员中分别获得部分民众的认可和支持，哪一方得到更多民众的支持而持有更大的实力，就将引领社会演变的走向。需要注意的是，以全社会的福祉为宗旨这一点十分重要，因为这使得左右两派的争论超出了阶层、阶级的范围，每个人面对这些理论做出选择时，不但考虑个人的利益，还要考虑社会的现实对"全社会的福祉"有否好处，毕竟，社会的安定有序、进步繁荣是每个人自然的、正常的需求。

于是，考察关于自由与平等（或左与右）的争论，可发觉有个现象值得注意，即一方面，两方阵营的价值倾向反映了不同阶层的利益，另一方面，两方阵营的成员里都有各阶层的人士（不过非固定，因时而变），超出了阶层的范围。这个现象启发我们，不要把左右之争看作必定是不可调和的阶级斗争，看作是你死我活、非此即彼的斗争，两方都有存在的依据、都有立足的依据，你想要消灭对方是不可能的，唯一可取的态度是让双方的竞争纳入良性的轨道。

中国有句老话，叫做"纠枉过正"，这似乎符合社会思潮演变的情形。思想的演变往往是沿着时左时右曲折的路径推进的，左与右相对而立，恒久不变，但是由哪一方能够引领社会的思想潮流，却是可变的。或者说，社会的主要倾向时而右、时而左，那是正常现象。中庸之道并非指取"中"或坚守"中"道，"中"其实只是一条线，这条线只存在于人脑中，具体的演变过程沿着这条线左右来回曲折路径推进。

问题出在极右和极左的倾向。极左与极右都把对方看作"不是你死就是我活"的敌人，于是把竞争推入恶性竞争的轨道，导致社会的分裂和混乱，左右两阵营应该把极左与极右视为共同的敌人。

由上所述，拟应对自由平等的概念重新做一番思考。既然有关自由与平等的思想理论是竞争的产物和工具，那么其概念和理论不是恒常不变的，历史的事实也表明，有关理论多得让人眼花缭乱这一点也正好说明其概念和理论始终在变化。本书所提出关于自由与平等的概念，可能较好地与这种竞争中的变化相对应。不过要强调，这是在政治哲学的范围内所说的自由与平等。

什么是自由？自由就是法律规定的权利，这是一种在法律规定的范围内可按自己的意愿行事而不受限制的权利。什么是平等？平等就是法律规定的权利人人平等，这些权利受到法律同等的保护。这就是说，把自由与平等都作为一个政治的、法律的问题来看待。之所以这样，是因为自由与平等的纷争涉及到资源分配和社会福祉，这两件大事只能由、也必须由政治（政府、法律）来安排。在任何现实的社会里，人们享有何等样的自由平等权利，保护哪些人的自由平等权利，都由政府发布的法律做出规定，法律的背后则是政府的强制力。法律是由人制定的，法律是可以改变的，于是，自由和平等这两个概念之实际的、具体的涵义也是有变化的。自由与平等不是什么永恒的、终极的、普遍的概念（价值），那只是抽象的产物，只存在于人的脑子里。把自由与平等作为人的权利，以法律的形式做出具体的规定，这才是可感觉的现实的东西，可以对之肯定或否定，并在竞争中发生变化。

按照上述对于自由与平等概念的界定，可以区分出两种法律，一种法律只规定、只保护少数人的自由和权利，法律没有平等对待每个人。另一种法律规定了法律平等地对待每一个人，规定每个人拥有平等的、自由的权利，并受法律的保护。历史上大多数时期里的法律属于前者，直到现代才有某些国家的法律属于后者，后者在理论上确立了法律面前人人平等的原则。按照这一原则，法律赋予每个人平等的自由，法律对于每个人的自由给与同等的保护，"自由与平等"同样作为法律规定的权利不再发生冲突。至于将来，人们能否继续坚守这一原则，就取决于能否坚守良性竞争秩序，一旦恶性竞争的态势膨胀起来，就可能回到法律只维护少数人权利的时代。

　　如果有人提出，自由就是按自己的意愿行事而不受限制，或者有人提出平等就是人人占有同等的资源，他们可以要求修改法律以采纳他的"自由"或"平等"的定义，并以法律条文做出相应规定。如果法律不予采纳，那么当他们坚持己见并诉诸行为时，可能被定为违法或犯罪。事情就是如此具体、实在，若是从抽象的、普遍的、永恒的意义上去论述自由与平等，可能没有什么实际意义。"要自由"，"要争取自由"，"要平等"，"要争取平等"这些诉求，实际上是要求对现有的政治和法律做出改变，至于是否需要改变，如何改变，只能由左右双方竞争的情势而定，如果让极左或极右泛滥成灾，社会的分裂和混乱无可避免，如果遵循良性竞争的秩序，坚持法律面前人人平等的原则，那么竞争的情势将会沿着时左时右的曲折路径演进。

　　综上所述，"竞争论"在有关自由与平等的论题上，与其他理论的区别可以归结于以下几点：一是，左与右的竞争无法避免；二是，站在左边还是右边，至少受两个方面竞争的影响，即如何分配资源（涉及个人利益）

的竞争以及如何增进社会福祉的竞争，不能将左右之争等同于你死我活的阶级斗争；三是，左右两方都有存在的理由，任何一方不可能消灭对方，社会的演变应该在左与右的良性竞争中向前推进；四是，极左与极右的斗争将导致社会的分裂和混乱，这是恶性竞争。左与右的良性竞争将是以契约和诚信的精神为基础的合作竞争方式，将沿着时左时右来回曲折的路径展开；五是，在政治哲学范围里，应从法律意义上确定自由与平等两个概念的涵义，避免从抽象的、普遍的、永恒的意义上给与论定。这样就把左右之争与法律的、政治的竞争联系起来，因为关于资源分配和增进社会福祉的竞争也只能由法律的、政治的作为才能做出安排。

再次，第三个区别，是关于"社会是如何演变的"。

社会是如何演变的？这是个大问题，在这里主要关注的是政治演变。

上文写到，竞争推动人们付出更多的智慧与劳动，人类社会从狩猎、采集的原始状态，演进到农耕、畜牧社会，再演进到工业社会等等，这是观察社会演变的一条线索，就是人们在创造资源方面的竞争的线索。虽然有时会被天灾人祸阻断，但事后仍然继续行进。按此线索可以预料，人类社会将朝着物质资源愈来愈丰富、物质享受愈来愈多彩的方向发展，这是有利于人类生存和发展的演变。此外，还有一条线索，社会成员在资源分配方面的竞争的线索，其中最为严重、最为激烈的竞争是关于权力如何分配。自从人类社会出现政治权力现象以后，政治权力在很大程度上决定了资源如何分配，权力本身也是一种资源，因为权力是最强有力的竞争手段。于是，权力分配的竞争也就是政治竞争成为最为严重、最为激烈的竞争，政治演变也成为人类社会演变的主要线索。

一条是创造资源的竞争的线索，另一条是分配资源的竞争的线索，前者有利于人类社会的进步繁荣，后者则给社会带来"乱"与"治"的反复变化。政治哲学的任务就是研究政治演变是如何发生的，为什么会出现"乱"，又怎么能达到"治"。"竞争论"把人与人之间的竞争定为研究社会演变、政治演变的起点或基点，认为竞争不可避免，政治竞争亦不可避免，因而治与乱的交替出现也就难免，虽然无法避免，但寻找维持"长治久安"的办法是可能的，政治哲学的目标就是"长治久安"，其任务就是寻找建立良性竞争秩序的途径。这就有别于其它一些理论，特别是所谓"宏观的"、"客观的"理论，把"社会"视作独立存在的客体，认为社会有着自身的结构，有着自身调节的功能，有着自身演变的必然规律等等。这些理论认为人与人的竞争是由社会决定、受社会控制的，人的命运是由政府、国家决定的。但是竞争论认为，社会、国家、政府、政治这一切正是在竞争中产生、并为竞争服务的，社会演变及其政治演变的根源和动力在于竞争。

综上所述，"竞争论"认为研究社会现象应从人与人的相互关系、相互作用着手，特别应从竞争的"关系和作用"着手；因为竞争是个人生活和社会生活的主旋律，因为竞争是个人生命发展的动力，也是社会发展、演变的动力；"竞争论"认为竞争是无法消除的，宣扬消灭竞争和差异的理论只是为了消灭竞争对手的竞争手段。竞争和差异、对抗和合作、恶性竞争和良性竞争等现象将继续存在，人们希望改善社会的愿望只能在建设和维护良性竞争秩序的努力中得到实现。

第二节　政治权力分配的竞争

任何社会都存在资源分配的竞争，自出现政治现象后，由于政治权力是最强有力的竞争手段，因而它也是一种资源，政治权力分配的竞争就成为资源分配竞争中最重要、最激烈的竞争，权力分配就成为政治竞争的主线，政治演变就沿着这条主线推进。

权力分配的竞争是如何展开的？人们常常听到一种说法，认为权力分配的竞争主要表现为两个阶层或阶级之间的竞争，譬如富人与穷人之间，强者与弱者之间，劳心者与劳力者、地主与农民、资本家与工人之间、精英与大众之间，这一一对立的阶级（阶层）始终进行着争夺资源或争夺权力的竞争，众多学者都以此为基础去观察和解释社会现象和政治演变。另一种理论认为，权力分配的竞争仅仅发生在精英阶层内部，社会、政治的演变不过就是"贵族（精英）的继往开来"，在政治权力分配的竞争中，没有大众的位置，并声称这是几千年来人类社会演变中始终不变的事实。

上述理论有一个共同点，即都从"宏观的"、"社会的"角度来观察、分析、解释社会现象和政治演变，就像这样的模式：社会——社会结构——分化为若干阶级——阶级矛盾与斗争——政治演变。应该说，把社会成员分出阶级、阶层，并以某某阶级或精英、大众这类词语命名，以示区分，分析各阶层、各阶级之间的相互作用和相互关系，这当然是一种研究方法。但是如果仅仅从"宏观的"、"社会的"的角度看问题，忽略了具体的人与人之间的相互关系和相互作用，那么就可能有所遗漏或偏颇。

还是应该从两个方面来看，一方面，一切事情都是从一个人或一群人的作为开始的，譬如明朝的建立是从朱元璋及其一伙人的作为开始的。另一方面，如果全国只有朱元璋及其一伙人起事，那就成不了气候。当时全国各地都出现起义，那就形成了社会的、宏观的形势，你可以认为这种"社会的、宏观的形势"是朱元璋起事的一个条件、一个原因，是"社会决定了人"，即所谓"时势造英雄"。但你还必须看到，这个"宏观的、社会的形势"却是若干个朱元璋及其一伙人的作为综合而成的，即"英雄造时势"，没有朱元璋们的作为，也就不可能出现那样的"时势"。

朱元璋们为什么要起兵造反，有人说是农民起义，从农民阶级与地主阶级的阶级斗争来解释，但是，朱元璋、陈友谅、张士诚都是农民起义首领，却互相殊死搏斗，这难道也是阶级斗争？说不通！用秦朝起义首领陈胜的话倒是一个很确切的解释："燕雀安知鸿鹄之志"、"王侯将相宁有种乎"。他们起兵造反的主要原因，是要夺取权力，夺取王侯将相们手中的权力。也许他们刚刚参加起义时，对现实强烈不满、寻机会、找出路是主要的动机，但一旦羽翼丰满，内藏的固有野心随之而爆发。一个人及其一伙人之间为获取权力而进行的竞争，是朝代更迭政治演变的起点和动力。

从朱元璋及其一伙人建立明朝的历史中，以及若干相似的朝代更迭的历史中，人们可以发现，观察政治竞争还有另一种模式：一个人和一伙人——因不满、寻机会、找出路——参加武装起义——掌握军事实力——与各路起义军开战得胜——从当朝手中夺取政权。一个模式是从社会到个人，另一个模式是从个人到社会。区分两种模式有什么意义呢？这就要说到上文之所言："可能有所遗漏和偏颇"。

从阶级（阶层）的矛盾、斗争的观点看问题，有些现象却无法解释，历史上有大量事实表明政治竞争可以发生在同一阶级（阶层）之间，譬如掌权精英内部的权力争夺，譬如各路起义军之间的殊死搏斗。"精英循环"论认为政治竞争只存在于精英与精英之间，但它无法解释意欲夺权的精英面对支配着国家财政和军队的政府，何以聚集起更为强大的力量与之对抗并获胜？那种更为强大的力量从何而来？这些都是"遗漏和偏颇"。

按照从个人到社会的模式，政治竞争往往表现为若干阵营之间的竞争，每一方阵营由一个人及其一伙人带领大批民众组成。譬如元朝末年出现的若干阵营，一是皇帝及其朝廷领导的阵营，他们带领着由民众组成的军队。二是朱元璋及其一群干将领导的阵营，他们带领着大批民众，此外还有张士诚、陈友谅等为首的阵营，各自带领着大批民众。这类政治权力分配的竞争始终存在于中国朝代更迭的历史中。古代春秋战国的五霸七国之间的五百年混战，也正是一个个君王及其附庸带领着大批民众结成的阵营之间的竞争。

现代某些国家定期举行的两党或多党的竞选活动，更加明显地展现出若干阵营之间争夺权力的态势，各阵营（各党）都由少数精英带领着大批民众组成。

在那些参与权力竞争的阵营中，"一个人及其一伙人"的行为是形成"阵营"的最初动因，他们的目的是要获取权力以获取更多的资源，最终的目的从那个最强大的由政府领导的阵营手中夺权。他们来自何方？来自同一阶级（阶层）？不，可能来自各阶级、各阶层，可能是农民、渔民、员外、商人、书生、官员、军官、王后将相之后代、地主资本家的后代、各类政客，等等。他们最初的动机可能是因为不满，为寻机会，为找出路，内心则怀着有朝一日可能成为王侯将相的"鸿鹄之志"。

若干阵营中哪一方能够最后得胜？是否取决于这个阵营代表了劳苦大众？取决于它是正义之师？取决于它为人民谋福利？取决于它代表了社会进步的潮流？取决于它代表了某一先进阶级的利益？不，这一切不过是说辞而已,都是各阵营为了争取民众的支持而设计的口号。哪一方阵营能够最后得胜,取决于两个主要的因素(不谈非主要因素):一是领导者的胆略和才干,二是能否获得更多人的支持。哪一方占领的城池更多(特别是人口较密、资源丰富的城池),那一方就将可支配更多的财富、人马、粮草、武器等等,从而可能获得最后胜利。在这些政治竞争所需资源中,"人"是最重要的,有了"人"就有其它一切,钱财、人马、粮草都从"人"那里产出。

在现代有些国家中的政治竞争往往采取竞选的方式,就能更加明显地表明"人"是政治竞争中最重要的资源。没有"人"的参与和支持,"一个人及其一伙人"永远无法形成一方阵营,也就根本没有参与竞争的资格。那么,这些"人"来自何方?来自同一个阶级、阶层?来自所谓的先进分子?不,他们跟"一个人及其一伙人"一样,都来自各个阶级、各个阶层。

人们从来就没有看到发生这样的一种事态:一大群穷人与一大群富人面对面相斗,一大群农民与一大群地主面对面相搏,一大群工人与一大群资本家面对面搏斗,如此这般的阶级与阶级的斗争是不会发生的。在一一对立的阶级之间,当然有矛盾和斗争,但都发生在具体的人群之间,譬如某工厂的工人罢工,某地区、某行业的工人罢工等等,而工人的要求只是提高工资福利。大范围的全国性的工人运动也有发生,往往带有政治色彩,那是"一个人及其一伙人"组织发动的,组织者不一定是工人,多数是政客,他们的目的是从中谋取政治资源。

　　以上所述，反映了权力分配竞争中的真实情况，这种从个人到社会的模式的描述和解释，弥补了有些理论的遗漏和偏颇，解释了为什么各路起义军会殊死相搏，因为政治竞争不是阶级与阶级之间的竞争，而是超越阶级范围的"阵营"之间争夺权力的竞争；解释了为什么支配着国家财政和军队的掌权精英会被崛起的精英推翻，因为政治竞争所需资源中最主要的是"人"，任何"阵营"只要争取到民众的广泛支持，就可能打败强大的掌权精英。

　　描述政治竞争的从社会到个人的模式，往往会导致种种误解和虚假现象，因为它总是用社会、国家、阶级等这些概念来解释个人的行为以及人与人的关系，而不是相反，因此就掩盖了社会现象源于人与人的相互作用之真相。譬如，当有人说，革命是为了让劳苦大众翻身解放、当家作主，某些人相信了，而且还相信自己真是怀着这崇高理想参加革命，其实真正的动机是寻机会、找出路、谋取自身发展所需的资源。或者，当有人说，我们代表人民的利益，代表先进生产力，我们为人民服务，某些人也相信了，而且还相信自己真是全心全意为人民服务的好同志，其实内心始终把个人的生存、发展放在第一位。有那么一些思想家发明了各种理论，标榜为真理，说得天花乱坠，也确实有人会相信。被蒙蔽者没有想到，每个人的所作所为都是为了谋取自身的生存、发展所需要的资源，谋取资源必须要参与竞争，理论只是竞争的工具。

这类自欺欺人的"误解",可能造就出两面人格,他明明在为自己谋取资源却大谈为国为民,他明明自私自利却高呼大公无私,他明明是为了升官发财却声言献身于伟大事业,等等。这种现象,在任何社会都有,但是在一些民主国家里,却骗不了多少人;而在儒家思想长期占支配地位的中国,"假、大、空"的虚幻说教可以大行其道,两面人格的现象比较普遍。什么"天降大任于我也",什么"以天下为己任",什么"先天下之忧而忧,后天下之乐而乐",什么"大公无私"等等,都是所谓"士大夫"用来自诩的语词,至今仍有很多人对之称道。一旦你从竞争的角度去看待社会现象,一旦你从个人参与竞争获取资源的角度去看待所发生的一切,而且你坚持只有这样才能具体确切地解释这一切社会现象,那样的话,你才可能成为一个独立的、自由的思考者,能够抵挡"假大空"的侵蚀,能够识破两面人格。

作为一个独立的、自由的思考者,应该重视从个人到社会的模式,也不排斥从社会到个人的模式(如考虑社会形势等因素),只是应该把前者作为基点。由此,人们就会懂得,政治竞争是资源分配的竞争,即生存和发展所需资源如何分配的竞争,政治竞争关系到每个人能够获取多少资源,不要以为政治竞争仅仅是政治家、理论家、政客们的事情,自己只是一个旁观者。政治竞争可能发生在每个人的周围,"一个人及其一伙人"就可能就出现在你的身边,你就是他们争取的对象,你会遇到站在哪一方阵营的选择。你将按照自己的利益做出选择,或者按照是否有利于社会的进步繁荣、安定有序做出选择。当一个社会出现愈来愈多独立的、自由的思考者之时，将有更多的人带着自觉意识参与竞争，将有更多的人追求自由平等的权利，政治竞争将朝着有利于建设良性竞争秩序的方向发展。

用从个人到社会的模式观察和解释权力分配的竞争，将使人们重新看待阶级（阶层）矛盾及其斗争的现象。首先应该看到，竞争导致社会分化形成阶级（阶层）的现象是不会消失的，无论是在"治"的时期还是"乱"的时期，这些现象总是存在，甚至可以看作为社会的常态，它们不是引起天下大乱、政权更迭、重大变革的原因。阶级（阶层）的矛盾斗争往往仅仅涉及经济利益，是在局部地区出现的诸如打家劫舍、劫富济贫、罢工游行等类事件，虽然不能完全排除这类事件与政治权力竞争可能产生的联系，但是一般情况下不是"乱"的原因。

天下大乱的原因，在于以获取政治权力为目标的各"阵营"之间以暴力和欺骗的手段展开的殊死搏斗。政治权力分配的竞争是任何社会的常态，因为权力是获取更多资源的最强大、最有效的竞争手段，权力的诱惑激励着所谓的"英雄豪杰"们为之赴汤蹈火，一些志同道合者结成一伙，努力扩大势力等待时机。不论是"大隐于朝"，还是"中隐于市"，或是"隐于山林"，到处可能存在着所谓的"英雄豪杰"，时机一到就纷纷起事。一旦民不聊生，民怨四起，英豪们随即组织、动员心怀不满的民众，扩大阵营力量，以暴力和欺骗的手段加入若干阵营争夺权力的殊死搏斗。

据于这一原因，人们可以得到某些启发，并思考如何防止大乱、如何维持长治久安之良策：

一是，争夺权力的各方阵营中，政府始终是其中的一方，政府的存在始终是导致大乱的根源之一，这启示人们去思考，什么是政府？为什么要有政府？什么是权力？为什么要有权力？政府的权力从何而来？如何应对政府的权力而防止其成为乱因？

对中国而言，因受儒家学说长期而深刻的影响，故需要从根本上改变关于政府性质的观念，必须认清政府这一事物的真相，政府不是"天降大任于斯"者，政府不是百姓的父母，要对政府感恩戴德、表忠臣服是专制统治者灌输的谎言。任何政府都是由"一个人及其一伙人"组成的阵营，政府不是"阶级统治的工具"，它不代表任何阶级的利益，政府都有其自身的利益，政府只是在政治权力分配的竞争中暂时得胜的一方。

二是，必须防止和制止使用暴力和欺骗手段争夺权力，需要建立一个裁决各方阵营谁胜谁负的权威，以代替"武力"决定胜负的规则，这是建立和平的合作竞争秩序的首要问题。

三是，关键在于精英。在以获取权力为目标的阵营中，精英处在组织者、领导者、决策者的地位，能否采取合作竞争方式的关键在于这些精英，一个社会趋于"治"还是趋于"乱"，关键在于精英。如果有一种思想理论，不但能够解释关于政府、权力的种种问题以创设一条通向合作竞争的路径，而且能够成为大多数精英的共识，那么将为建设长治久安的良好社会打下坚实的基础。

四是，关注大众的利益，是防止和制止大乱的必要条件。大众是各阵营争取的对象，在政治竞争中起着不可或缺的作用。当大众利益受到损害且日趋严重之时，积聚在他们心中的不满滋生出反抗的火种，给等待崛起的精英们以可乘之机，引发星火燎原，天下大乱。要建设、维护社会的长治久安，必须始终关注大众的利益。

总有一些知识精英、政治精英，偏执地把社会乱象的责任全部推到大众的身上，把"暴民"、"贱民"、"低端人口"等帽子强扣在大众的头上，把精英打扮成高贵善良贤明之辈。这一类人不懂得，造成治或乱的责任恰恰就在他们自己身上；这一类人不懂得，争取大众支持是在竞争中获取胜利的重要因素；这一类人不懂得，愈是鄙视、排斥甚至压制大众就愈是有利于竞争对手。按照这一类人的思想去改良社会，必定采取不利于大众利益的政策，由此把大众推向与之争夺权力的阵营，当竞争对手因为获得大众的支持而获胜的时候，这一类人还不明白自己失败的原因。

第三节　建设良性竞争秩序

竞争是生命乐章的主旋律，是人类发展的动力，但又得承认，有时竞争的确会导致乱象。或者说，竞争有对人类有利的一面，又有对人类不利的一面。由此，就提出了恶性竞争与良性竞争的概念，并在此基础上探讨如何维护对人类有利的良性竞争，如何建设良性竞争秩序，如何抑制对人类不利的恶性竞争，铲除恶性竞争秩序。

中国有句流传较广的老话："天下大势，合久必分，分久必合"，也可换个说法："天下大势，治久必乱，乱久必治"。这意思是说，人世间不可能永远"合"或"治"，也不可能永远"分"或"乱"，两种态势交替出现。没错，"竞争论"也持这等看法，而且指出这是因为存在着两种性质的竞争。绝大多数人希望"治"，而反对"乱"，因为混乱和战乱将毁灭生命和资源，将阻碍人类创造资源的进程。虽然不可能永远"治"，但是"长治久安"是否可以实现？"竞争论"提出建设良性竞争秩序的目的也正是在于"长治久安"。

什么是恶性竞争？使用暴力与欺骗侵犯他人以夺取生存和发展资源的行为就是恶性竞争。恶性竞争必定是对抗的，但对抗式的竞争不一定是恶性的，譬如思想观点信仰等方面的竞争、市场竞争等等。什么是良性竞争？良性必定是合作式竞争，但合作式竞争不一定都是良性的，譬如准备随时撕毁协约的合作，譬如参与合作的各方可能阳奉阴违等等，只有具备某些条件因而能够长期稳固的合作竞争才是良性竞争。要从历史的经验教训中去探索必须满足哪些"条件"，如何满足这些条件，才有利于建设良性竞争秩序。

自古以来始终存在着这两种性质的竞争。不论是在物物交换的时代，还是用贝壳、金属、货币进行交换的时代，人们付出智慧和劳动以创造和获取资源，在交换的过程中互相进行着在数量、质量、价格等方面的竞争，参与竞争的各方或以默认的方式或以书面的方式，遵循共同议定的规则，自愿地、和平地实施交换。由此，积累了很多良性竞争的经验。但是人性中恶劣的一面总会顽强地表现出来，总有某些人天生就偏好强横霸道，持强凌弱，以征服他人为乐，他们熟悉那套不劳而获、坐享其成的行径，惯用暴力与欺骗的手段攫取资源。

特别是在政治权力成为竞争的最强有力的手段以后，权力成为冒杀头之险也要夺取的目标，暴力和欺骗成为权力争夺的惯用手段，恶性竞争泛滥且主导着人类的生活，良性竞争似乎只能在混乱或战乱的间歇中得到喘息之机。宋朝欧阳修说道："自古治时少而乱时多"，苏轼亦道："自古在昔，治少乱多"。就是刚刚过去的二十世纪，大部分时间里的中国都处在战乱、混乱之中。

人类社会经历了数不清的治乱交替的循环之后，在近三百多年来，为了探索建立良性竞争秩序的路径，无论在理论方面还是实践方面，都是硕果累累，创建了一些新的理念，积累了大量有益经验。

首先是英国哲学家洛克创建了一整套新的理念，系统地回答了如下问题：为什么人类社会需要权力、政府？权力来自于何方？政府的职责是什么？政治社会是如何形成的？政府是如何产生的？社会和政府是何种关系？如何限制权力、政府？等等。随着实践经验的积累，洛克提出的一系列理念也趋于更加充实和丰富。这些理念和经验大致可以总结如下：

权力和政府的产生是因竞争之需要而起。在远古的荒蛮时代，孤独一人难以在竞争中生存下来，难以抵御自然灾害、野兽攻击、强人侵害等，人们不可能不知道连野兽也会采取的办法——联合起来，互相合作，聚集成集体的力量以应对竞争。要达成合作竞争以结成集体力量，首要的条件就是所有人的力量都朝着同一方向，为此必须制定共同遵循的规则（权威）和推举发号施令者（权力），权威和权力成为人类合作竞争的必有产物，是合作竞争的必要条件，也是维持安全有序的群体共同生活的重要保障。

树立权力、设立政府的目的是为了保护人们的财产、生命、自由等权利（人权），在竞争中防止和制止侵害人权的现象，政府和权力的职责就是为达到这一目的服务。

权力来自于人民，政府是人民的公仆。

人是独立、自由、平等的，人与人始终存在着竞争，人与人始终存在占有资源的差异（包括财产、地位、名声等），利益纷争和观念分歧无法避免，人们出于竞争的需要结成政治社会，就必须遵循多数原则以达成全体共同的协议，包括设立政府及其领导人的协议，包括制订法律的协议等，这是通过合作竞争方式和平建立政治社会的唯一途径。

人民通过选举选择政府领导人，授权于这些领导人，包括制订法律、执行法律、统辖治理的权力，规定政府的任期，定期选举。

　　社会和政府的关系是，政府及其权力是社会政治化的结果，政府为社会成员的生存和发展服务，政府及其权力由社会授予，社会始终保留最高的权力，对政府给予以监督和批评，政府如果滥用职权侵害人权或无法履行职责，社会应剥夺政府的权力，建立新的政府。

　　政府及其权力有两重性，既可以为社会服务，又可以危害社会，既是"治"的需要，又是"乱"的原因，政府只是参与权力竞争的一方"阵营"，即由"一个人及其一伙人"为首组成的"阵营"，只是在政治竞争中暂时得胜的一方。掌权者做梦也警惕着有人企图夺权，始终把维护手中的权力放在第一位，为此甚至不惜使用暴力和欺骗。所以不能让"一个人及其一伙人"长期掌权，必须定期更换。

　　在政治权力分配的竞争中，人民的权力是最高的权力，是合作竞争中的裁决者，其它一切政治权力必须服从其裁决，确立人民的权力是维持良性竞争最重要、最强大的支柱。人民的权力由全体公民（因特殊原因除外）同时行使政治权利（投票）所形成的权力。

　　必须确立法律面前人人平等的原则，必须让所有人都拥有自由参与竞争的权利，让所有人得到法律的平等的保护。这一原则的落实将使大众的利益始终受到关注。任何只维护一部分人自由参与竞争的权利并压制、取消其他人此种权利的理论和做法，都是恶性竞争。之所以要赋予所有人自由参与竞争的权利，不是因为所有人都有参与竞争的自觉要求（事实上有些人畏惧竞争或躲避竞争），而是因为如果否认人人都有参与竞争的权利，必定会导致少数人制造出种种理由去压制、剥夺其他人的自由参与竞争的权利，这就像是束缚住他人的手脚然后与其搏斗，确保胜券在握，就像在对他人叫喊："我可以跟你争，你不许跟我争！"，这简直就如强盗抢劫、谋财害命的行为。直至今日，还有知识精英、政治精英散布如下论调："少数人拥有特权是因为他们素质高，大多数人素质低不配拥有！"，这是挑起恶性竞争的强盗逻辑。

只有确立法律面前人人平等的原则，才能确立人民的权力，因为如果仅有少数人拥有不平等法律规定的权利、剥夺其他人权利的结果，必定导致社会成员之间的分裂和内斗。在这种情况下，"人民的权力"就丧失其实质而只剩下名义，任何人都可以借用、盗用这一名义，行暴力欺骗之实，任何人都可以借此名义自封为裁决者，从而导致恶性竞争。美国的南北战争爆发的原因之一，就是权利的不平等，这是一个具有说服力的例证

把建设良性竞争秩序的种种理念和经验落实到法定的规则和程序，以宪法的形式作为长期稳定有效的基本大法，并在实践中逐步完善。

以上只是简略地叙述了三百多年来人类智慧和实践所创造的、建设良性竞争秩序的主要理念和主要经验，这些理念和经验铺设了建设良性竞争秩序的唯一路径，已经有一些国家沿着这样的路径建立了维护良性竞争秩序的政治体制，他们把这条路径称之为民主化，把这一

崭新的政治体制称之为民主。

行文至此，我们可以得到一个结论：按照"竞争论"的观点去看待、去分析人类社会政治演变的历史，人们就会理解为什么在现代出现了民主这样的事物，了解民主是如何产生、发展和趋于成熟的。由此，我们可以在理论上解释现代民主的形成，如若用一句话来概括，那就是：人与人之间的竞争永远不可避免，良好的社会及其制度在于建立良性竞争的秩序，现代民主政体正是人类探索这一秩序的最初的尝试。

不过按照实际情况来看，现今一些发达的民主国家还只是处在建设良性竞争秩序的初级阶段，即合作竞争的阶段，恶性竞争的迹象频频出现，表现为各"阵营"在暗地里使用欺骗作假的手段。虽然合作竞争已经弃用武力，但是欺骗作假、暗箱操作、内线操作、阳奉阴违、操控舆论等等恶劣做派从未停止，只有在政治竞争中能够有效地防止和制止这些恶行，合作竞争才能长期稳定地坚持下去，才能称之为良性竞争秩序。可是至今没有一个社会在这方面具备成熟有效的经验，这也是政治哲学进一步要探究的问题。当然这是有难度的，因为这涉及到政治道德，而要求人们遵循道德规则比要求遵循法律更加困难。

第四节　关于真理

为什么要讨论"关于真理"？前文已经提到，按照

"竞争论"的观点，任何理论都是竞争的产物和工具，不存在所谓唯一的、永恒的真理。进一步说，真理可以作为恶性竞争的手段，某些哲学家把自己的理论吹嘘为真理，而且是唯一的、客观的、普遍的、永恒的真理，声称所有人必须服从他们掌握的真理，谁反对他们所说的真理就必须对之实施专制，这样的真理就成为维护专制统治和绝对权力的一个法宝。但是另一方面，人们又把"追求真理、坚持真理"作为一种良好的品格，那么究竟应该如何看待真理？

有一种理论，把真理定义为："真理是认识主体对客观对象及其规律性的正确反映。真理具有客观性。它的内容是不依赖主体而客观存在的。"（1999年版《辞海》）。

这一定义很有迷惑力，在一般人看来，把物质世界称作为客观存在，把人的观念、思想、理论，看作为对客观存在的反映，这说法能够接受，接下去又很自然地想到，当然有错误的反映和正确的反映之分，错误的反映当然不能成为真理，只有"正确的反映"才是真理。于是，觉得这个定义似乎顺理成章。

但是，这一定义存在着两个自相矛盾而无法解决的难题。

其一，该定义承认"真理是认识主体对客观存在的反映"，又说"是不依赖主体而客观存在"，这显然自相矛盾。一般说来，"认识主体的反映"就是指人的观念、思想、理论等，这些观念、思想、理论所反映的内容，是关于客观存在的某个对象的。对于同一个客观存在的对象，不同的人（既认识主体）可能有不同的观念、思想、理论（即不同的反映）。为什么对同一个对象会有不同的反映？因为，人的观念、思想、理论是人的身心活动的产物，而每个人的身心活动及身处环境都是有差异的，这种差异可能很小也可能很大。认识主体对同一客观对象产生不同的反映，这一现象表明，"认识主体的反映"的内容是由主体决定的，不同的主体有着不同的反映，"反映"是依赖于主体而产生而存在的，更确切地说，是依赖于具体的人而产生而存在的。不管是所谓"错误反映"还是"正确反映"，它们的内容都依赖于人这个主体而产生而存在。但是，上述定义在承认真理是"认识主体的反映"的同时，又肯定真理的内容"是不依赖主体而客观存在的"，这就等于是说，"依赖于主体而存在的"是"不依赖主体而客观存在的"，这不是自相矛盾吗？

也许有人会辩解说，主体的反映是有差异的，有"正确"与"错误"的区别，只有"正确反映"的内容才是"客观存在"的，这一说法，又陷入了另一种自相矛盾之中。

其二，这一说法指，当主体反映的内容是"客观存在"之时，就是"正确反映"，即是真理。或者说，"主体反映"的内容与"客观存在"相符合、相一致时，即是真理。那么请问，怎么判断"主体反映"的内容是"客观存在"呢？或者说，怎么证明"主体反映"和"客观存在"是相符的、一致的？当然必须把二者作出比较，然而，要对两个事物做出比较有个前提，即二者都是已知的事物，"主体反映"的内容是已知的，可是那个"客观存在"却是未知的，也正因为是未知的所以才要主体去探究，此一已知，彼一未知，何以比较？何以判断或证明二者是相符、相一致？所以，人们无法证明"主体的反映"是否"客观存在"，这是该定义无法克服的难题。

进一步说，对于各种不同的观念、思想、理论，由谁来判断其中哪一种是真理？除了人来做判断以外，还有谁能作判断？不同的人将会有不同的判断，所有人的判断都只能是主观的判断。依赖于人做出的判断，所依据的标准，不管是个人还是人们共同商量制定的，都只能由人主观产生，不可能有什么"不依赖人而存在的"的唯一的、客观的标准。但是人的判断不可能完全一致，所以任何理论既可能被（某些人）肯定为真理，也可能被（某些人）否定是真理，成为有争议之物。

由此可知，上述关于真理的定义是荒谬的，因为符合这一定义的"真理"是不存在的。也许有人会问：难道就没有真理了？答曰：真理是有的。那么什么是真理？

真理这个词是用来表示一种思想和理论是正确的，但是自古以来，凡是曾被称之为真理的思想、理论，统统都是有不足或缺陷的，没有一个真理是不可补充或修正的，这就表明，所谓"唯一正确"或"永恒不变"意义上的真理是不存在的。不过考虑到人们还在使用真理这个词语，这里提供一个十分粗浅的回答，什么是真理？

——真理是在一定范围、一定历史时期得到广泛认同的思想或理论。一定范围是指民族、国家、地区、星球、文化领域、科学领域等等而言的，意思是说超出一定范围，该思想、理论也许就得不到广泛认同了；一定历史时期是针对"真理永远不变"而言，意思是说超出了一定的时期，也许就被新的思想、理论替代了。没有什么绝对真理，没有什么客观真理，没有什么唯一的真理，没有什么永恒不变、四海皆准的真理。真理是人的产物，世界上没有人的时候，真理也不存在了。

人类需要真理，因为得到广泛认同的思想或理论，会使认同它的人们联合起来、团结起来，凝聚成更大的力量，为着某个共同的目标而努力行动。人的认识，是由人的身心（生理及心理的结构和功能）及身心活动所决定，由于人的身心有共同之处，所以人们的认识也一定会有相同之处，这是形成共识的基础；但又由于人的身心活动不可能完全相同，更由于人们所处的环境不可能完全相同，则人们对于同一事物的认识也会因人因时因地而有所不同。在一定的历史时期当中，通过实践，通过不同认识之间的争论和互补，某种思想或理论会得到广泛的认同，而形成共识，就称得上是真理。真理的因素就存在于不同认识之间的争论、交叉、重叠、互补等等。人类需要真理，人类的天性之一就是追求真理、遵循真理，通向真理的道路何在？鼓励新思想、新理论的出现，鼓励不同思想、理论之间的争论和互补，这就是通向真理之道路，人类社会的民主化道路与此相符。因为只有民主政体确立了法律面前人人平等的原则，每个人都平等地享有自由，既鼓励人们发扬追求真理、坚持真理的品格，又鼓励不同思想、理论之间的交流、互补或争论。也只有在民主政治的环境里，人们的积极性、创造性才有可能充分调动起来，从而促进社会的繁荣进步。

附录一关于多数暴政的对话

（一）

阿东：我不明白，你为什么要质疑多数暴政的提法。

阿西：恐怕，你不是不明白，而是不赞成。

阿东：不赞成，非常不赞成。你三番五次地质疑多数暴政这个提法，不知疲倦地写文章，我都厌烦了。

阿西：（显得诚恳地）惹你恼火了，应该说声对不起。

阿东：（显得颇为大度）这倒不必，到此为止也就算了。

阿西：不过，我还是有些不明白之处，能请教吗？

阿东：说不上请教，相互学习么。其实，多数暴政或多数专制这个提法，在学术界早有定论啦！一百多年以前，托克维尔和密尔就提出来，这两位可算是学术界公认的大师级的人物。不但如此，两百多年前，美国的开国元老也提出过多数暴政的问题，说得再久远一些，西方哲学的祖师爷伯拉图、亚里斯多德就提过多数暴政，你看，还有什么疑问吗？还想继续质疑吗？

阿西：不过，有不明白之处总是允许的吧？

阿东：那当然，当然。

阿西：那好，我想提个问题。

阿东：尽管提，不要因为我说了这些话，就不敢开口了，再说，改正错误也是需要勇气的么，尽管说，不要怕。

阿西：我能不能问一问，什么是多数暴政或多数专制？

阿东：这又有什么不明白的，顾名思义，就是指多数人对少数人实施压制、暴力、侵害等这类现象。

阿西：好吧，多数暴政这词语所指的意思，就按照你的说法。我再问，托克维尔是怎么提出多数暴政的？是不是跟民主有关？

阿东：当然跟民主有关。因为民主就是多数统治，把多数原则作为基本原则，这就可能导致多数暴政。

阿西：我所不明白的正是这一点：为什么说民主会导致多数暴政呢？因为不明白，所以想举个例子请教一下，可以吗？

阿东：你说。

阿西：譬如美国曾经长期存在种族歧视，对黑人的歧视，这是不是多数暴政？

阿东：当然罗，白人是多数，黑人是少数，白人歧视或压制黑人，就是多数暴政。

阿西：那么，白人歧视黑人这现象跟民主有什么关系吗？

阿东：美国自称是一个民主国家，这个民主国家却长期存在种族歧视现象，这不是明摆着的？托克维尔在《论美国的民主》里，也举了歧视黑人的事例。他在美国参加一次选民会议，看不到一个黑人，他问一个白人，为什么没有黑人参加，那人回答说：黑人确实有权参加选举，但多数对黑人有偏见，黑人不敢来，怕受欺负。所以，法律因为得不到多数的支持而失效。你看，多数歧视黑人，多数可以使法律失效，这不是明摆着的吗！

阿西：可是，据我所知，美国在建国以前，就已经有黑奴，对吗？

阿东：没错。

阿西：在创建民主国家以后，美国前后通过一系列的法律，解放黑奴，废除奴隶制，规定选举权不应有种族限制，等等，是吗？

阿东：据我所知，是这样。

阿西：就是说，歧视黑人的现象逐步有所缓和，对吗？

阿东：可以这么说。

阿西：而如今，美国的黑人可以当总统，这是否说明，你刚才所说的歧视黑人的多数暴政在美国已经得到遏制？

阿东：现在来看，可以这么说。

阿西：那么，如果把歧视黑人作为多数暴政的例证，应该这么说，多数暴政不是民主导致的，因为在实现民主以前早已存在，对吗？

阿东：对。

阿西：不但不是民主导致的，相反，民主化的推进使得多数暴政得到缓和及遏制。这么说可以吗？

阿东：（似有所觉）唔……。

阿西：请允许我再举个例子。

阿东：你说。

阿西：宗教歧视，宗教迫害，这是多数暴政吗？

阿东：应该说，是的。教徒占人口多数的一种宗教，凭借人多势众，迫害人口很少的异教徒，这也是一种多数暴政。

阿西：宗教歧视、宗教迫害的现象，自古以来就存在，特别在中世纪，那是近代民主以前就有的事情，这种现象的产生，是民主导致的吗？

阿东：恐怕不能说是民主的缘故。

阿西：在实现民主化以后，民主国家都制定了宗教自由、政教分离等法律，如今，像美国这样的民主国家，宗教歧视的现象明显减少，这是不是事实呢？

阿东：嗯，恐怕是事实。

阿西：那么，如果把宗教歧视作为多数暴政的例证，应该这么说，多数暴政不是民主导致的，相反，民主化的推进使得多数暴政得到缓和及遏制。这么说没错吧？

阿东：噢，我明白了，你跟我举出这些例证，是要推翻我的论点。

阿西：你的论点是什么？

阿东：不是说过了，民主可能导致多数暴政。

阿西：那么我提出的事实，至少可以让你审视自己的论点。我还可以举出更多的例证，譬如性别歧视，同性恋歧视……

阿东：别，别，别再举了。我懂你的意思。不过，

你举出的事例，都是在民主以前早就存在的多数暴政现
象，我认为，说民主可能导致多数暴政，那是指民主化
进程中产生的现象。

　　阿西：照你这么说来，对多数暴政还应该做出分类，
一种是民主以前就存在的，另一种是民主以后产生的，
前者不是民主导致的，而后者是由民主导致的，是这样
吗？

　　阿东：正是这意思。

　　阿西：那么，你来举一些民主导致多数暴政的事例，
好吗？

　　阿东：唔，这，这样吧，我们以后找机会再谈？

　　阿西：当然可以。

　　阿东：我倒要问一下，你似乎化了很多功夫研究这
个问题，这值得吗？你究竟为什么这样执着？

　　阿西：因为这问题够重要。

　　阿东：有这么严重？

　　阿西：以后再谈吧。那么，再见。

　　阿东：再见。

　　（二）

　　阿东：我们继续讨论？

　　阿西：非常乐意。

　　阿东：我回去查了一些资料，你不是要我举一些民
主导致多数暴政的事例吗？

阿西：看得出，你是有备而来。

阿东：那你就好好听着。最著名的多数暴政的例证，也是学者们常用的例证，就是罗伯斯庇尔为首的雅各宾党专政。

阿西：那的确是一场恐怖的暴政。

阿东：是啊，据查，在 1794 年 6 月到 7 月，仅巴黎一地，50 天杀了 1376 人，每周 196 人，最多的一天杀 50 人。你简直无法想象，这种暴政是何等惨烈。

阿西：这的确是关于暴政的著名的例证。

阿东：这场暴政就发生在法国大革命，而法国大革命是民主革命，所以很清楚，这一事实就成为民主导致多数暴政的著名例证。

阿西：不过，我还有不明白之处。

阿东：尽管说。

阿西：第一，我不大明白，为什么说雅各宾党专政是民主导致的？第二，为什么说雅各宾党专政是多数人实施的暴政？

阿东：慢着，你说有两个问题，是吗？

阿西：是。

阿东：我们一个个来。先说第一个问题。法国大革命是一场民主革命，对吗？而这场民主革命导致了罗伯斯庇尔的暴政，是吗？民主导致暴政，事实如此，简单明白，有什么不可理解的？

阿西：那我想举出一位大师的话来回答你，可以吗？

阿东：请问，那位大师是谁？

阿西：提出并论述多数暴政的那位大师。

阿东：是托克维尔？他说什么？

阿西：他说，法国大革命期间有两个完全相反的趋势，一个是自由，一个是专制。一场社会革命，各种政治势力都会采取行动，怎么可能那么单纯？

阿东：所谓专制的趋势具体指什么？

阿西：就是罗伯斯庇尔为首的政治势力的所作所为。

阿东：托克维尔是这么说的？

阿西：托克维尔用黑字白纸写着："1793 年统治过法国的寡头政治"。

阿东：1793 年，就是罗伯斯庇尔掌权统治的那一年。

阿西：对啊，在托克维尔看来，罗伯斯庇尔所代表的正是趋于专制的政治势力。这股政治势力的纲领及目标，就是要建立寡头政治式的专制统治，所以，罗伯斯庇尔夺取权力并实施暴政，这完全是专制政治势力的作为，根本不是民主导致的！

阿东：可是，慢着，罗伯斯庇尔似乎是卢梭的忠实信徒。

阿西：那又怎么呢？

阿东：应该说，卢梭是民主思想家啊，他的信徒当然是民主的信徒。

阿西：卢梭是伪民主真独裁的政治哲学的发明人，罗伯斯庇尔的暴政正是卢梭理论的直接结果。

阿东：伪民主？真独裁？谁说的？

阿西：英国哲学家罗素，是五六十年以前说的。

阿东：罗素？那是二十世纪世界闻名的大哲学家呀！我得去查一下。

阿西：你可以查阅罗素写的《西方哲学史》。

阿东：好吧。照你这么说来，法国大革命时期所发生的暴政，是专制势力的作为，不是民主导致的？

阿西：不是照我说，是照大师的说法，而且正好是提出多数暴政概念的那位大师说的。

阿东：那我得再去仔细读一读托克维尔的著作。

阿西：是啊，是该仔细读一读。现在，回到我说的第二个问题。

阿东：什么第二个问题？

阿西：为什么说雅各宾党专政是多数人实施的暴政？

阿东：哦，对，我几乎忘了。

阿西：没关系。

阿东：这么说吧，从当时情况来看，罗伯斯庇尔代表"第三等级"、也就是大多数人民的利益。他自己也说过，"我就是人民"。

阿西：那么你的意思是说，罗伯斯庇尔实施暴政，是代表人民实施暴政，所以也就是多数人实施的暴政，是这意思吗？

阿东：看来，是这样的。

阿西：好吧，我再请问，罗伯斯庇尔掌权一年后，他被逮捕、被处死，这是为什么？

阿东：因为他的暴政引起人们强烈的不满。

阿西：那么，他实施暴政，他被处死，这两件事，究竟哪一件是代表人民的？

阿东：他被处死，是代表人民的。

阿西：可是你刚才说，罗伯斯庇尔实施暴政是代表人民的。

阿东：我是说，表面上看来是这样。

阿西：那么，实质上看来是这样吗？

阿东：（耸耸肩）恐怕不是。

阿西：我懂你的意思了，你是说，罗伯斯庇尔盗用了人民的名义，盗用了多数的名义，是吗？

阿东：（又一次耸耸肩）恐怕是这样。

阿西：实施暴政的统治者都会盗用人民的名义干坏事，这跟人民有何相干？盗用多数的名义实施暴政，怎么能说是多数人实施的暴政？

阿东：（一时不知如何回答）嗯。

阿西：按照托克维尔所说，罗伯斯庇尔建立的是寡头政治，那就是少数人的专制统治，那当然是少数人实施的暴政。

阿东：（降低了声调）托克维尔这么说，应该说，没错。

阿西：所以，罗伯斯庇尔为首的雅各宾党专政，既不是多数人实施的暴政，也不是民主导致的，把它作为实例论证民主导致多数暴政，是不能成立的。我想这个回答应该是很明白的了。

阿东：我倒是有不明白的了。

阿西：不明白什么？

阿东：大师级人物的判断，一两百年来学术界的共识，难道要推翻？

阿西：我只是说，有不明白之处，有值得质疑之处，应该允许重新探讨，重新认识。

阿东：你似乎很得意。

阿西：遭他人厌烦的人是不可能得意的。

阿东：看来，我们还得谈谈。

阿西：求之不得，谨致谢意。

阿东：不客气。那就下次继续？

阿西：没错。

（三）

阿东：你好，真想不到，就这个问题，我们居然一而再、再而三地谈得起劲。

阿西：讨论有益，我挺喜欢。

阿东：我一直在想，我为什么会赞同民主可能导致多数暴政这个观点的呢？

阿西：说来听听。

阿东：恐怕最主要的原因，是"文革"期间的经历。

阿西："文革"的经历，我们这一代人是刻骨铭心的。

阿东：那时候到处是群众批斗走资派，不就是典型的多数暴政吗？

阿西：当时这叫做群众专政，但是，这是民主导致的吗？

阿东：我料到你会这么问。

阿西：当然应该问，难道群众批斗的运动是民主的运动？

阿东：别着急，这问题我想到过，"文革"当然不是一场民主运动，它是一场搞个人迷信的造神运动。

阿西：是啊，为了争夺和维护自己的地位和权力，自上而下发动的一场群众运动。

阿东：不过，长期以来，一想起"文革"期间群众批斗的场面，我就会联想起有位美国开国元老所说的话。

阿西：哪一位？

阿东：汉密尔顿。这两天，我又去翻出来看看，还特地抄在这里（拿出一个小本子），他是这么说的："翻开历史的每一页直到今天，我们都发现无可辩驳的证据：人民，一旦失去制约，就如掌握没有控制的权力的国王、贵族一样的不公正、独裁、残忍野蛮，多数人永远毫无例外地剥夺少数人的权利。以为行使最高权力的人民，能够持之以恒地保持警觉、美德和远见卓识、坚定不移，以此假设形成的所有政府，只是欺骗和妄想。"

阿西：这段话我也见识过。

阿东：噢，有什么想法？

阿西：这段话，套用现代的说法，叫做："百姓素质低，不能搞民主"，或者说："人民是暴民，不能搞民主"。

阿东：你这话有意思。不过，我以为他说得有道理。"文革"那时候，造反有理，无法无天，要怎么干就怎么干，不受制约，多数暴政到处泛滥，这正像汉密尔顿所说，不受制约的人民多数是残忍野蛮的。

阿西：不受制约？我不这样想，我认为正好相反，那时的造反、批斗等等行为，正是受到最严厉控制的。

阿东：此话怎讲。

阿西：那时，人人都只能有一种选择，就是一切按最高指示办。谁敢违抗，就砸烂他的狗头！你当时敢违抗吗？

阿东：当然不敢。

阿西：有的人努力表现得像个革命者，有人战战兢兢，不敢乱说乱动，有的人随大流，或者自逍遥，不管怎样，整个社会都趋于一个方向：一切朝着最高指示所指引的方向。

阿东：应该说是吧。

阿西：也就是说，"文革"期间群众造反、群众批斗的现象，主要是由于人民群众受到蒙骗、煽动和严厉控制之下发生的事情，对吗？

阿东：从一方面来讲，可以这么说。

阿西：表面上看来，"文革"期间是群众在干那些事，实际上，群众就像木偶，背后有策划者和操纵者。

阿东：难道群众就没有责任？

阿西：具体一件坏事，谁干谁负责，但是作为一场社会运动，如果把责任推到群众身上，不追究策划者、操纵者，那就会再次来一场木偶闹剧。

阿东：你只看到了一个方面，还应该从另一方面去看，从群众那一头去看，不能把群众简单地看作木偶，他们怀着各自不同的动机去参加社会运动。

阿西：说是木偶，只是比喻而已。每个人当然都有个人的动机，但是，都被利用并引导，趋于一个方向，造成巨大的声势。

阿东：一方面，他们受到利用和引导，另一方面，他们又受自己意愿的支配。你真的相信，群众是为了国家的前途和命运？你真的相信，群众是为了无产阶级继续革命？正像你说的，有人想表现得像个革命者，为了什么？还不是为了博取名声，得到赏识，提升地位，更有极少数人，怀着狂妄野心。

阿西：每个人都想追求名声、地位，这很正常啊。

阿东：问题就在于不正常，采用强暴的手段，通过批斗的方式，去博取名利地位，这怎么是正常的呢？

阿西：嗯，有道理。

阿东：当时，一切按最高指示办，与此同时，最高指示赋予群众一种权力，群众可以行使这个权力，去造反、夺权、抓人、批斗，多数暴政就因此而到处泛滥。

阿西：说下去。

阿东：那时有句话，叫做充分放手发动群众，这话是不对的，充分放手就是没有约束，群众是不能"充分放手"的，一旦没有约束，群众就会暴露出野蛮的一面。

阿西：群众有野蛮的一面？

阿东：大多数人的知识修养水平比较低，素质比较差，群众的行为往往会缺乏理性，容易趋于偏激和极端，容易出现多数暴政。

阿西：噢！我摸到你的思路了。你想用"文革"期间群众批斗的现象作为例证，来论证民主可能导致多数暴政。是不是？

阿东：对。

阿西：你承认"文革"不是民主运动，所以不能直接地论证说民主导致多数暴政，是不是？

阿东：嗯。

阿西：可是你却在"文革"现象中找到了依据，发现了人民群众跟多数暴政之间有某种关联。这种关联，我把它说得简单些，就是：人民群众掌握权力以后，会不受约束，显露出野蛮的一面，因而导致多数暴政。是吗？

阿东：（微露笑容）你比我说的更在点子上。

阿西：（微微点头）按我的理解，民主的要点，就是要提出"人民的权力"，而你呢，正是从这个民主的根基上找到导致多数暴政的依据，真是不简单。

阿东：我也不过是受了汉密尔顿的启发，使我对人民群众有了新的认识。

阿西：你原来对人民群众的认识是怎样的呢？

阿东：以前只知道要发扬民主，走群众路线，群众是真正的英雄么！

阿西：如今不同了，是因为你亲身经历过群众批斗，体验到群众的野蛮和残忍？

阿东：至少，我更加坚持认为，人民群众是需要领导和管理的，否则他们就会暴露出野蛮的一面。

阿西：这话你重复第二遍了。

阿东：那又怎么？跟汉密尔顿相比，我说得客气多了。

阿西：你认为，多数暴政的根源之一是人民群众的野蛮性，根源之二是人民群众拥有了权力，不受约束，是这样吗？

阿东：人们不是说，民主就是"人民统治"吗？"人民的权力高于一切"吗？"高于一切"意味着谁都不能约束它，人民的权力不受制约，就可能导致多数暴政。

阿西：（若有所思地）看来，我们讨论得愈来愈深入了，涉及到怎么看待人民群众，怎么看待人民的权力这些问题。很值得探讨一番。

阿东：讨论有益么，这是你说的。

阿西：对，我们找时间再继续讨论，好吗？

阿东：好啊！

（四）

阿西：很高兴跟你交流。

阿东：我也是。

阿西：你说过，人民群众是需要领导和管理的，否则就会暴露出野蛮的一面，是这样吗？

阿东：对。

阿西：请问，为什么这么说？

阿东：因为人民群众的大多数，素质比较低，难道你不这样认为？

阿西：那要看你怎么说。

阿东：什么叫"看你怎么说"？

阿西：看你指哪方面而言。

阿东：总的来说，素质比较低。

阿西：什么叫"总的来说"？

阿东：就是从社会成员的总体来看，只有少部分人的素质比较高，多数人的素质比较低。

阿西：何以见得？

阿东：你看啊，成功者总是少数人，……

阿西：慢，你说的成功者指哪些人？

阿东：哦，不用"成功者"这个词，也可以。就是指拥有比较多的财产、名望、地位或权力的少数人。

阿西：具体说说，这是些什么样的人物。

阿东：譬如官员，富豪，教授，明星，各行各业的杰出人物，等等。

阿西：你属于这少数人还是多数人？

阿东：别扯上我，为什么不问你自己？

阿西：我属于多数人。

阿东：装蒜！不过，你这么说，等于同意我说的，总的来说，可以这样区分出多数和少数人，对吗？

阿西：把社会成员分为多数和少数人，作为一种观察和解释社会现象的方法，当然可以，但必须注意，一是要指明针对哪一种性质的现象，二是要以事实为依据，否则，就只能是胡扯。

阿东：你认为我是胡扯吗？

阿西：不是，按照拥有的财产、名望、地位或权力来区分，依据事实，的确可以区分出多数和少数两个层次的阶层，但也应该说，是个大概，比较模糊。

阿东：那么，是什么原因造成了这种区分？

阿西：你说呢？

阿东：是素质。

阿西：是哪方面的素质？

阿东：知识学历，各种能力，奋斗精神，还有胆略等等。

阿西：所以你认为，少数人的素质高，多数人的素质低？

阿东：是啊。

阿西：注意，你现在把问题转移到素质上来了，刚才你是按财产、名望、地位或权力来区分，现在是按素质来区分，这两者不能混同。

阿东：你恐怕不能否认，有些人鼠目寸光，胆小慎为，满足于安逸，缺乏奋斗精神，有没有这种情况？

阿西：我不否认。

阿东：那好，这不明摆着素质低吗？我所说的多数人，恐怕大多如此，不是吗？

阿西：恐怕不能这么说，有权有钱有地位的人不一定素质高，无权无势的人不一定素质低。

阿东：怎么能这么说！

阿西：举例来说吧，贪污腐化，权钱交易，卖官买官，操纵执法，行贿拉拢，偷税漏税，二奶成群，内线操控，等等这些勾当，是谁干出来的？是你所说的少数人还是多数人？

阿东：嗯，好像，应该说是少数人。

阿西：这少数人就是你说的"拥有比较多的财产、名望、地位或权力的少数人"，因为干出这些勾当的人必须有权、有钱、有势、有关系、有背景，而且，干了这些坏事还可以不受法律追究，我说的符合事实吗？

阿东：是少数人当中的少数人。

阿西：占多少比例暂且不论，这个判断不会改变，即：只有有权、有钱、有地位的人才干得出这些坏事。

阿东：嗯，或许是吧。

阿西：而那些鼠目寸光、胆小慎为、满足于安逸、缺乏奋斗精神的人，只求维持生计，安居乐业，苟安于平凡的生活，他们不可能去干那些勾当，我说的符合事实吗？

阿东：你想说明什么？

阿西：我想说明，如果仅仅看这方面的事实，那么，你心目中的那些少数成功者，素质很差，会干出违法、犯法的勾当，相比之下，你所说的多数人的素质却没这么差。

阿东：不管你怎么讲，拿知识、修养水平来衡量的话，总是少数人高，多数人低。

阿西：知识多就是素质高？难说，用科技知识去犯罪的人总不能说他素质高吧。至于修养，就更难说了，什么是修养？有权有势，道貌岸然，不露声色，城府颇深，这种人的修养，看起来很是高深，可如果发觉有人得罪他，那收拾起人来，手段也很高明，叫你栽了跟斗还不知道怎么回事。你所说的少数人，他们搞阴谋诡计的素质比多数人高出许多！

阿东：你恐怕不能否认，有一种叫"仇富"的心理。

阿西：我当然不否认。

阿东：低层群众对少数成功者总有妒忌心理，长期积郁变成仇恨，一有机会就会发泄出来，对他们仇恨的对象采取暴烈行为。

阿西：可是另一方面，你恐怕不能否认，有一种叫"粉丝"的现象。

阿东：当然。

阿西：低层群众对少数成功者怀有崇拜心理，甚至会发展到痴迷的程度。群众并不像你描绘的那样凶恶。

阿东：不过，话也得说回来，偷盗、抢劫这类行为，恐怕只有低层群众才干得出来。

阿西：偷盗、抢劫，无非就是谋取钱财，同样是谋财害人，有权有势的人干起来，那简直无法跟他比，一个贪官就捞取千百万百姓的血汗钱，抵得上几百个偷盗犯。

阿东：你怎么专门替低层群众说话？

阿西：不是"专门"，而是"有时"。

阿东：照你这么看，好像愈是有钱、有名、有地位，素质反而愈低？

阿西：我不是这意思，我也不认同这种观点，我只是针对你的观点来说的。

阿东：我的什么观点？

阿西：你刚才说，社会成员多数人的素质低，少数人的素质高，我不认同你这观点。当然，我也不认同多数人素质高、少数人素质低的观点。

阿东：那你的意思是，不谈素质的高低？

阿西：不是不谈，而是怎么谈，笼统地谈什么多数人或少数人的素质是胡扯，笼统地比较群体的素质是空谈。素质总是在人的行为中表现出来的，比较素质的高低，必须针对什么人干什么事来讨论，笼统地区分两个群体的素质高低，只能把事情搞砸了。就好比说，城里人的素质比乡下人高，白人的素质比黑人高，外国人的素质比中国人高，等等，都是胡扯。

阿东：你又说我在胡扯？

阿西：准确地说，是我们两个在胡扯，你举例说，多数人的素质低，我举例说，少数人的素质低，扯来扯去，再举更多的事例，你我仍然不可能得出结论。

阿东：你别自信，我这观点，很多人会同意，你相信吗？

阿西：我相信有人会赞同你，这有几千年历史啦，从孔子开始就嚷嚷了，什么唯上知下愚不移，把社会成员分出等级，比出优劣。

阿东：你刚才不也同意的？

阿西：我同意什么？

阿东：你也说，按照拥有的财产、名望、地位或权力来区分，可以区分出多数人和少数人两个层次的阶层。

阿西：是啊，我说的是作为一种方法，用来观察、分析和解释社会现象，但恐怕不能用来分析两个阶层的素质高低，分出优劣，这会导致等级观念，上尊下卑，上贵下贱，上优下劣，上知下愚。

阿东：照你说，区分两个层次的方法不能用来分析素质高低，分出优劣，那么，这方法可以用来分析什么？

阿西：譬如，用来分析两个阶层在谋求生存和发展的竞争中，所处的地位不同，那些有权有钱有地位的少数人，一般说来在竞争中处于强势的地位，优势的地位，而多数人则处于弱势的地位，劣势的地位。

阿东：这话有道理。你认为，这能改变吗？

阿西：至少从已有的事实来看，难以改变。

阿东：我也常常想，不论中外还是古今，在任何社会里，有个状况似乎一成不变，总是少数人占优势，多数人占劣势。是吗？

阿西：似乎，我们在这一点上有共同语言了。

阿东：我很有兴趣（看看手表），不过，今天就谈到这里吧。下次我们就谈谈这个问题。

阿西：行。

（五）

阿东：上次你说，我们有共同语言。

阿西：似乎是吧。

阿东：在任何社会里，少数人占优势，多数人处于劣势，你也同意这一点？

阿西：恐怕没法不同意，也许是我的见识太少，不过至少目前为止，我还没有找到依据，说那个社会里多数人占优势。

阿东：你竟然这样认为，我有点不解。

阿西：有什么不好理解的？

阿东：你不是信仰民主的吗？

阿西：这跟信仰民主有什么矛盾？

阿东：民主就是多数统治，民主就是按多数人的意志作决定，所以，民主不就是让处于劣势的大多数占优势吗？可是你又说，在任何社会里，总是多数人处于劣势，岂不矛盾？

阿西：第一，民主不是多数统治，第二，民主不是让处于劣势的大多数占优势。

阿东：这我就有点不明白了。

阿西：这里有个问题先得弄清除，我们讨论到现在，所说的多数人和少数人，究竟指哪些人？

阿东：少数人是指成功者，有权、有钱、有名、有地位的那些人，多数人是指其余的人。

阿西：我们借用一般人所说的精英这个词，来称呼你说的少数人，用大众这个词来称呼你说的多数人，好吗？

阿东：这样方便些。

阿西：好，注意，这个多数与少数，是按占有财产、权力、名声和地位的差异而划分的结果，是吗？

阿东：是。

阿西：再来弄清楚，你说，民主是让多数人占优势，这时你所说的多数人和少数人又是指哪些人？

阿东：投多数票的就是多数人，投少数票的就是少数人。

阿西：那么，投多数票的这个多数，跟称之为大众的那个多数，是同一个多数吗？

阿东：是不是同一个多数？有两个多数？

阿西：我是在问你呀。

阿东：我没想过这个问题。

阿西：那你现在可以想一想这个问题吗？

阿东：我想想，大概，似乎，也许……应该是这样吧，在一个社会里，处于劣势的大众会站在同一边，而占着优势的精英也会站在同一边，应该是这样的吧。

阿西：照你这么说，在投票过程中投多数票的总是大众阶层的人，投少数票的总是精英阶层的人，这符合事实吗？

阿东：我想想，嗯，好像跟事实有点出入。

阿西：不是有点出入，而是大错！以美国为例，不管是议员选举还是总统选举，以民主党和共和党为首分出两大阵营，双方都有精英阶层的人和大众阶层的人站队参与，从历史看，双方都得到过多数票或少数票。

阿东：你说的好像是事实。

阿西：不是好像，而是的的确确的事实。

阿东：噢，你提醒了我，对，你提醒得对，这两个多数，不是同一个多数。以前在我脑子里始终只有一个多数，那就是大众，在任何社会里，多数就是指大众，现在看来，不能只有这一条筋。

阿西：这里有两种情形，一种是在谋取生存和发展的竞争中分化的情形，人们因为研究的需要，分出多数人和少数人两个阶层。另一种情形是，在投票过程中实际形成的多数及少数。

阿东：那么，怎么来解释，这两个多数不是同一个多数？为什么在投票过程中形成的多数及少数，双方都有精英和大众阶层的人参与呢？

阿西：我可以把具体的投票活动描绘一下，你就会明白了。

阿东：快说。

阿西：譬如选举议员的活动，县、州、国家各级的议员都由选民选举产生，对吗？

阿东：对。

阿西：请问，如果没有候选人的话，选举可以进行吗？

阿东：当然不行，没有候选人，怎么投票？投给谁？

阿西：所以，选举投票活动首先必须确定候选人，那么，候选人怎么确定呢？我不谈具体的程序，我是问，确定候选人必须有个标准吧。

阿东：那当然，选出来的人要担负管辖和治理社会的重任，不是阿狗阿猫都可以当候选人的。

阿西：你说得对，这里涉及到素质了，对于担负管辖和治理社会重任这件事情来说，有素质要求，哪些方面的素质？譬如，是否有才识、有能力、有声望，是否能够对社会问题、国家事务提出主张和措施，这些主张和措施是否得到相当多的支持，是否有好的信誉记录，是否曾有公众不能原谅的不良行为，等等。

阿东：这当然，人们总不会去找一个愣头愣脑的无名小卒来当候选人。

阿西：也就是说，在智慧、道德、思想、能力等方面要求具备比较高的素质，是吗？而这些素质不仅仅是当下所显示出来的，还应该从一个人以往的生活经历来看，是吗？

阿东：说得对，既要现实地，又要历史地看一个人。

阿西：那么，一个没有事业成就的人，一个没有声望的人，一个没有政治活动经验的人，会符合这些要求吗？

阿东：你的意思我明白，具备这些素质要求的人，一般都出在成功人士或者说精英人士当中。

阿西：成功人士或精英人士当中，既有好人也有坏人，既有同情低层民众的，也有歧视民众的，即有社会责任感的，也有抱着个人野心的，我们说的当然指好人。

阿东：是好人，是指好人！

阿西：但是好人也有不同的理念、理想或信仰啊，于是，选民就必须在持不同意见的候选人中做出选择，投票结果就分出两个或几个阵营，各方都是一批有相同主张的精英带领着一批支持他们的群众。

阿东：你这么描绘一下，就容易明白了，在投票活动中，竞争的各方都有各个阶层的人站队参与。

阿西：这下清楚了吧，我们遇到了两种分出多数与少数的情况，一种是按个人占有的资源区分出来的多数与少数，即大众与精英，另一种是公民投票过程中分出来的多数与少数。在前一种情况中，总是少数人占优势，而在后一种情况中，则总是多数人占优势，在民主国家里，这两种情形同时存在，并不抵触，反而互补。

阿东：一开始，我不明白，既然你同意总是少数精英占优势，多数大众处劣势，怎么又信仰民主呢？不是自相矛盾的吗？现在看来并不自相矛盾。

阿西：我还要告诉你，精英论者正是利用这一点来质疑民主的。

阿东：精英论者？

阿西：精英论者说民主是不切实际的幻想，他们的主要依据就是：任何社会里总是精英占优势，大众处劣势，而民主论者却要实现多数统治，让大众占优势、占统治地位，这怎么可能呢？岂不是无法实现的幻想？这一种说法迷惑过不少人。

阿东：恐怕我原来也受这种论调的影响。

阿西：但是精英论者只说对了一半。

阿东：怎么叫说对了一半？

阿西：按照社会成员占有的资源来区分，划分出少数人称之为精英，其余的多数人称之为大众，并指出总是精英占优势，大众处劣势，对此，我认为可以接受，因为我想这有事实依据，不管在民主社会里还是在专制社会里，都有这样的事实，难以否定。但是把民主说成为多数统治，甚至说成为让处于劣势的大众占优势、占统治地位，这就错了。

阿东：不过，我想，民主不是实行多数原则吗？不是按多数人的意志做出决定吗？既然按多数意志作决定，那不就是多数统治？

阿西：但是，在全体公民参与的政治活动中，按多数原则做出决定，是什么样的决定呢，是决定由哪些人代表他们去建立和领导政府，决定由哪些人承担立法和执法的重任，决定由哪些人去统辖和治理国家，做出这些决定以后，全体公民就把统治权授予这些人，然后由这些人对国家事务和公共事务做出决定，这就是在民主政治体制下发生的实际情形，实施统治的不是多数，而是由多数选出的政府。

阿东：虽然实施统治的不是多数，但至少是代表多数的意志实施统治的，说多数统治，还有一定道理么。

阿西："代表多数的意志实施统治"这句话的意思是，他的统治权是被人民的多数授予的，再引申一下的意思是，被授权的人应该以"符合多数人的意志"作为准则去行使权力，但他的作为是否符合这个准则，那要事后才能评定。完全可能有这种情况发生：有的总统借多数人的意志得到了权力，但他以后的行为却遭致多数人的不满，最后又被多数人赶下了台，有这可能吗？

阿东：这情况完全有可能发生，而且已经发生过。

阿西：我要说清楚的是，按多数的意志授予统治权，是一件事，而行使统治权则是又一件事，前者肯定是"代表多数人意志"，后者则可能违背"多数人的意志"。不知道我说清楚了没有？

阿东：我懂你的意思：是多数人授予统治权，而不是多数人行使统治权，行使统治权也不一定符合多数人意愿。总之，你想说明，民主不是多数统治。

阿西：有人甚至把多数统治说成是多数人统治少数人，那就更离谱了。不论是投多数票的人还是投少数票的人，投票以后就都散掉了，回到各自的生活圈子里去了，根本不再存在有某种稳定性的多数人群体或少数人群体，他们都同样成为了被统治者，哪有什么多数统治少数？

阿东：听来，民主不是多数统治，你说的很有道理，那么，说民主就是"人民统治"，更不对了吧？

阿西：当然，什么叫统治？就是指由少数人统辖和管理国家事务这件事情，人民统治，要让全国的人，譬如十三亿人都来统辖和管理国家事务，这可能吗？

阿东："人民的权力高于一切"，这怎么看呢？

阿西：任何权力都不能绝对化，人民的权力也要受限制，当人民通过选举推出统治者并授予统治权以后，人民的权力就不再行使，人民接受政府的统辖和管理，在两种情况下才重新行使其权力，就是发生政府滥用职权、违法乱纪、危害百姓的情况，还有就是法律规定再次选举的情况。

阿东：对人民的权力有限制？

阿西：对，民主当然要强调人民的权力，但也有限制或约束

阿东：我先前总以为，民主就是人民统治，民主就是多数统治，就是人民有权不受约束，这都错了？

阿西：百分之百错了！

阿东：看来，我有些误解。除此之外，我还有一点疑虑，不过，下次再说吧。

阿西：好。

（六）

阿西：你说，有一点疑虑，那是什么？

阿东：你说我念念不忘汉密尔顿那番话，这倒是真的。处于劣势、弱势的大众看到精英人士一夜成名，一夜暴富，一席酒就够得上他们活一年，那心中的怨恨可想而知，他们能甘心？他们总以为那财富都是不义之财，一旦手中有了权力，难道不会来一场清算？我可不愿意看到这种结果。

阿西：你认为，民主会导致这种结果吗？

阿东：会的，想当年，打土豪、分田地不就是这样？

阿西：打土豪分田地是民主？那是阶级斗争，民主是讲阶级调和，截然不同！

阿东：反正，大众最盼望民主，因为民主就是平等，就是把精英拉下来，跟他们平起平坐，这么搞，非乱不可！

阿西："平起平坐"这种话，是不顾事实的想象。收入六万者，也许会跟收入三万者一起，把收入二十万者拉下来，但坚决反对跟收入三万者平起平坐。社会成员的差异永远存在，民主是维护平等人权，不是平等财产！民主怎么会造成混乱、招致灾难？在你看来，民主真那么可怕？

阿东：我也不是完全反对民主，而是想，先要提高大众的素质，（忽然想到）噢，我又提到素质了。

阿西：既然又提到了，就说说吧，怎么提高大众素质？

阿东：比方说吧，要遵从理性，不要感情用事，要看到全局的、长远的利益，而不要只盯着个人的、眼前的利益，再比方说，有一点很重要，应该懂得"让少数人富起来"的深刻含义，……

阿西：慢着，"让少数人富起来"的深刻含义，这是什么意思？

阿东：过去，长期以来搞平均主义，吃大锅饭，结果呢？贫穷落后，如今，因为实现了"让少数人富起来"，繁荣富强了，这里面有深刻的道理啊。

阿西：不但有道理，而且还深刻，说来听听。

阿东：人类社会是怎么发展、怎么进步的？重要因素之一，就是靠少数人的努力，这少数人有能耐、有抱负、有闯劲，大多数人呢，在旁边看着，在后面跟着。

阿西：说来说去，你无非是要强调精英的作用。

阿东：你别说，这一点再怎么强调也不为过，历史，还是精英书写的！

阿西：那好吧，我们暂时肯定你的逻辑：历史是精英书写的，好吗？

阿东：暂时肯定？什么意思？

阿西：我的意思是，先看一看，这将得出什么结论。

阿东：什么结论？

阿西：第一，社会演变的历史是由精英书写的，社会将呈现怎样一幅画面，是精英的创作，大众在旁边看着，在后面跟着，起不了什么作用，是吗？

阿东：可以这么说。

阿西：第二，社会变得良好了，创作出一幅光明的画面，那是精英的功劳，社会变得恶劣了，呈现出一幅黑暗的图景，那是精英的罪过，是吗？

阿东：（皱眉）你还想说什么？

阿西：第三，如果实行了民主，那是精英的功劳，如果一搞民主就乱，那是精英在搞鬼。对吗？

阿东：怎么把一切罪过都推到精英身上，大众就没有责任了？

阿西：这是你说的呀，历史是精英书写的，当然要担当一切责任，大众只是在旁边看着，在后面跟着，他们负什么责任？

阿东：哦，你的"暂时肯定"原来是这个意思，聪明。

阿西：我发觉，你的逻辑有点混乱。

阿东：我怎么混乱了？

阿西：一谈到发展、进步，就说历史是由精英书写的，是精英的功劳；一谈到混乱、落后，就责怪大众的素质低，谴责大众搞多数暴政，天底下哪有这等道理？

阿东：我不讲道理？

阿西：是的，不讲道理，逻辑混乱！你既然认定"历史是由精英书写的"，那你同时应该认定，辉煌的历史是精英写成的，灾难的历史也是精英写成的；当一个社会出现混乱和动荡，书写历史的精英理应担当责任；当一个国家出现暴政，这暴政的历史当然是精英书写的，理应把矛头指向实施暴政的精英，这才符合你的逻辑，哪能把矛头指向大众？

阿东：（皱眉）这，这……。

阿西：另一方面，你把大众看作是鼠目寸光、胆小慎为、满足于安逸、缺乏奋斗精神的一群人，是"在旁边看着、在后面跟着"的多数，那么请问，这样一种人，有能力、有机会、有可能去掌管一个国家吗？当一个国家出现暴政的时候，发号施令实施暴政的，是那些鼠目寸光、胆小慎为、在旁边看着、在后面跟着的人吗？一个国家出现了混乱甚至内战，请问，谁有那么大的能耐造成天下大乱的局势？是那些鼠目寸光、胆小慎为、在旁边看着、在后面跟着的人吗？

阿东：（吃惊地看着对方）这，这……。

阿西：法国大革命后期出现的暴政，根子出在卢梭身上，你把责任推到人民的多数，斥之为多数暴政，却把卢梭奉为圣人、先贤、民主思想家，天底下哪有这等道理？

阿东：你似乎有点激动。

阿西：是的，但我很清醒。这几次交谈当中，我觉得你对大众或人民的多数，抱着一种很不公平的态度。一方面，你看不起大众，说他们素质低下，看成一群绵羊；另一方面，你又害怕大众，说他们搞多数暴政，视作洪水猛兽。

阿东：那怎样看待群众？群众是真正的英雄？

阿西：那是胡说八道！什么是英雄？英雄就是有别于群众的人，如果群众是英雄，人人是英雄，也就没有英雄了。

阿东：所以啊，只有精英才是英雄。

阿西：一面歧视群众，一面又惧怕群众，这样的精英是狗熊！

阿东：你对精英有偏见！

阿西：有良知的、敢担当的精英才是英雄。在社会演变的历史中，精英当然起着主要的作用，担当主要责任。在近三百年来，是谁开创了民主理论？是谁设计了民主政体？是像洛克那样的一批精英，民主理论的发展和民主政体的改善，也主要依靠一批又一批有良知的精英的努力。

阿东：想不到你对精英的态度倒很公正。

阿西：但也有一批又一批的精英，把人类社会引向灾难和黑暗。

阿东：是啊，精英当中有好人也有坏人么。

阿西：不管是好人还是坏人，精英们在历史当中起着主要作用，但如果没有大众的参与和支持，精英们休想书写历史，连一个字都写不出来！

阿东：那么，历史是如何书写出来的？

阿西：这是个太大的题目，一时无法谈，但似乎有句话是可以说的：历史是由精英带领大众一起书写的。

阿东：而精英起着主要作用，精英是执笔者。

阿西：执笔者，这说法有意思。所以啊，一个国家出现暴政，主要责任在于精英，不要推给大众。哦，对了，你不是问我，为什么要质疑"民主导致多数暴政"的提法吗？

阿东：对呀，我一开始就问你的，你说，这问题够重要，究竟怎么重要？

阿西：我看过很多文章，发觉一个现象，虽然，它们在论述民主的时候表现出各种各样的态度，怀疑、质疑、贬低、歪曲、悲观、反对，等等，但似乎都有一个共同点。

阿东：什么共同点？

阿西：他们都会把"多数暴政"作为论据。

阿东：真的？

阿西：不信，你可以去查一查。说"一搞民主就会乱"的，说"共和高于民主"的，说"宪政高于民主"的，说"自由高于民主"的，说"中国百姓素质低，不适合搞民主"的，有好多文章，其中有不少作者，都把"多数暴政"作为论据。

阿东：你倒是个有心人。

阿西：你想啊，民主是世界潮流，一波一波又一波，为什么？就因为要人权、要平等、要自由，就因为要反专制、反独裁、反暴政，就因为民主可以制止暴政，民主就是为了制止暴政而创设出来的，可是这一部分学者却要告诫人们：民主会导致暴政！岂不是逆潮流而行？你觉得这问题够严重吗？

阿东：有所感觉，但还得好好想想。

阿西：历史是由精英带领大众一起书写的，民主化的进程，要靠有良知、敢担当的精英带领大众一起去推动，对大众既看不起又惧怕的人，担当不了这一重任！把落后、野蛮、混乱、暴政等等的责任推给大众的人，担当不了这一重任！

阿东：你说的有道理，不过，我倒有个问题。

阿西：什么问题？

阿东：在民主国家，有没有可能出现暴政？

阿西：当然可能！

阿东：那不就是说民主可能导致暴政吗？

阿西：民主国家可能出现暴政的原因，不在于民主本身，任何社会都存在专制政治势力和民主政治势力的竞争，任何社会都存在良善与邪恶的争斗，主张专制独裁暴政的人永远不会消失，这种人偏爱专制，生性强暴，持强凌弱，歧视大众，喜好骑在人们头上作威作福，这种人时刻在等待机会，捕捉民主政治的失误，要防止和制止专制和暴政，特别要警惕这种人，而不是举着"多数暴政"的牌子，把矛头指向大众。

附录二关于平等的对话

焦叟：老兄，你一门心思地专注于民主这个问题，累不累啊？

嗣源：不累，做自己喜欢的事情怎么会觉得累？

焦叟：喜欢看书写文章，是不是显得比别人高尚？

嗣源：哪里！如果我自以为比别人高尚，那我的文章就一文不值。

焦叟：此话怎讲？

嗣源：每个人都是平等的，这是我的基本理念，也曾反复阐述这一理念。把自己看的比别人高尚，违背了我的理念，那些文章岂不成了谎言？

焦叟：可是，难道就没有高尚、低俗之分了？

嗣源：你可以说他做了件高尚的事情或做了件低俗的事情，但不能因此而说他是高尚的人或是低俗的人。

焦叟：说得也对，不过，整天沉溺于打麻将，不显得低俗吗？

嗣源：恐怕不能这么看，只要不损害到他人，打麻将是他的自由。

焦叟：话虽这么说，可说句心里话，我很敬佩你，中国有个传统，叫做士大夫精神，忧国忧民，家国情怀，以天下为己任，值得敬佩。

嗣源：哦，千万别这样，真不敢当！那都是用来自吹的说辞，我可不是这种人！我只是消磨时光，老了，时间多了，会觉得空虚、无聊，选择一些自己喜欢做的事，就像选择打麻将、钓鱼一样。

焦叟：但是，看书写文章的价值总比钓鱼打麻将要高吧。

嗣源：不一定，如果写文章宣扬黑厚学、制造谎言、鼓吹独裁，你会认为它有价值吗？

焦叟：那么，请问你为什么要选择看书写作呢？

嗣源：因为我喜欢，我爱好，就像你喜欢摄影、旅行。或者像有些人喜欢跳舞、唱歌、下棋、钓鱼等等。大家都一样，都是在消磨时光，没有高低之分。

焦叟：这大概就是你推崇的平等。

嗣源：对，平等待人，尊重他人，不损害他人，这应该是做人做事的标准。

焦叟：平等待人，平等，正题来了。你把平等看得这么高、这么重要，把平等看作是民主的主要特征之一，可是我怎么觉得自己所看到一切都是不平等的呢？每个人的高矮、胖瘦、美丑、智愚、贫富、尊卑等等，都是不等同、不平等的，你能找得出两个人是等同、是平等的吗？

嗣源：说得不错！

焦叟：啊？说得不错，你同意我说的？

嗣源：对啊。如果平等是指等同、相等或相同的意思，那么世界万物都是不平等的，就此而言，你没有讲错。

焦叟：我说么，没错。总统和清洁工能平等吗？富豪跟乞丐能平等吗？教授与文盲能平等吗？

嗣源：但是，……。

焦叟：我料到你会来个"但是"。

嗣源：但是，男女平等，这话你同意吗？

焦叟：同意。

嗣源：那么，男女有别，你同意吗？

焦叟：嗯，这……，当然，也同意。

嗣源：由此可见，两个事物，男和女，可以说他们平等，也可以说他们不平等，都没错。

焦叟：似乎是这样。

嗣源：所以，如果有人争论"男女平等"或"男女不平等"哪个说法是正确的，将会怎么样呢？他们二人各说各的理由，谁也无法说服对方，对吗？

焦叟：我想，是的，争不出什么结果。

嗣源：也就是说，这种争论没有意义。你不同意我强调平等的重要性，你强调一切都是不平等的，我们为此争论起来会有什么结果呢？

焦叟：可是，我的确想知道，你为什么把平等看的这么高。

嗣源：好吧，不过有个条件，你同意的话就好办了。

焦叟：说吧，什么条件。

嗣源：先给我们下面要讨论的"平等"下一个定义。

焦叟：好吧，你说。

嗣源：我所说的平等，是一个政治学的概念，在政治学、政治哲学的范围里，"平等"是有特定含义的。

焦叟：你所谓的"特定"是指什么？

嗣源：指法律面前人人平等。

焦叟：你是说，要从法律的意义上来定义"平等"。

嗣源：对，法律宣告平等对待每一个人，法律规定的权利，人人平等，法律规定的义务，人人平等，法律规定的处罚，人人平等。法律是平等对待每个人的法律，每个人在法律面前是平等的。

焦叟：你为什么会想到，要给"平等"下这样一个定义呢？

嗣源：因为，有位世界闻名的大人物，他把"平等"变成一个令人厌恶甚至令人恐惧的字眼。必须纠正过来。

焦叟：大人物，谁？

嗣源：法国的卢梭。

焦叟：哦，那可是大人物！他有像你说的那么可怕？

嗣源：十八世纪，自美国的独立和法国大革命以后，"自由、平等、博爱"成为愈来愈多的人所追求的理想。可是从一开始，"平等"就被歪曲了。

焦叟：是卢梭把它歪曲了？

嗣源：是的。当时有个雅各宾党人叫罗伯斯庇尔，声称"我就是人民"，他掌权以后实施了血腥暴政，好几万人头落地。从此，"人民"和"暴政"就被连在了一起。

焦叟：这跟卢梭又有什么关系？

嗣源：罗伯斯庇尔声称他是卢梭的忠实学生。

焦叟：难道是卢梭教他实施暴政的？

嗣源：差不多。

焦叟：怎么证明？

嗣源：别急，且听我说。卢梭的成名作，是一篇论述"社会不平等"的文章。其主要论点是，不平等是罪恶的原因，也是罪恶的结果，而不平等的根源是财产私有，所以必须遏制私有财产，私有财产不得多于生存需要。可见，卢梭所谓的平等，是指财产平等。罗伯斯庇尔当然也学到了。

焦叟：可是这跟实施暴政又有什么关系呢？

嗣源：比方说吧，甲有几千万财产，乙有几百万财产，丙只有几万财产，而丁却只能勉强维持温饱，为了要实现财产平等，有什么办法？

焦叟：什么办法？很简单，把四人的财产加起来，平均分成四份，配给甲、乙、丙、丁。

嗣源：肯定有人不答应，起而反对，是吗？

焦叟：当然有人要反对。

嗣源：所以，必须实施强制。

焦叟：怎么强制法？

嗣源：树立一个绝对的权力，确立一部有绝对权威的法律。这就是卢梭在另一部作品《社会契约论》中翻来复去论证的中心思想，也是卢梭创设的政治哲学的核心。

焦叟：绝对的权力？如何树立？来自何方？

嗣源：作为一个哲学家，卢梭不但要设计如何树立绝对权力,而更重要的是要论证它的合理性。简单地说,卢梭的论证可以归结为一句话——绝对权力来自于"公意"。

焦叟:什么是"公意"?

嗣源:就是公共意志、所有人都共同拥有的、完全一致的意志。

焦叟:这种每个人完全一致的意志究竟是什么?

嗣源:卢梭说,一般人看不到"公意"是什么,必须是具有最高智慧的神明般的不凡之人才能看透什么是"公意",而且只有在他的教导之下,一般人才勉强知道什么是"公意"。

焦叟:如此深奥神秘,那究竟是什么?

嗣源:卢梭说了,就是公平、正义。

焦叟:公平正义,谁也不会反对,这又有什么深奥的。

嗣源:卢梭又说了,公平正义也就是平等,确切说是"卢梭式的平等"。

焦叟:就是你刚才说的,被卢梭歪曲的"平等"?

嗣源:是的。

焦叟:公平正义,每个人都会同意,而平等,恐怕不可能都会同意,怎么能成为公共的意志呢?

嗣源:你不明白吧,所以啊,卢梭说一般人看不到"公意",只有像他这种神明般的人物才能看透。

焦叟:他看透了什么?

嗣源:卢梭说,"公意",或者说"平等",存在于每个人的心里，而且永不消失。

焦叟：真是奇谈怪论，他能论证吗？

嗣源：当然，卢梭说，"公意"，或者说"平等"，都根源于每个人的偏私本性。

焦叟：人的本性？他真是这么说的？

嗣源：每个人都偏私，这的确可以说是人的本性。

焦叟：但偏私跟平等又怎么连上了？

嗣源：这就是深奥之处，而这点深奥之处却被人们忽视了，没有人去深究卢梭的深意。

焦叟：卢梭的深意是什么？

嗣源：比方说，人人都盼求比别人占有得更多，对吧？

焦叟：是啊，这就是出于偏私的本性。

嗣源：人人都出于这种偏私，就导致人与人的不平等。

焦叟：对啊，应该说，不平等根源于人的偏私本性，怎么能说平等根源于偏私本性？

嗣源：人人都盼求比别人多，反过来说，人人都盼求别人不比自己多，当一个人看到别人比自己多时，一定会心怀不满，这种不满也是出于偏私。

焦叟：那么，他应该去奋斗，去竞争，让自己富起来。

嗣源：竞争的结果，总是少数人成功，大多数人是失败者，总是有大多数人心怀不满。

焦叟：那就去偷、去抢？

嗣源：那是犯罪，有违法律、道德。不过，如果有一个办法，能够把占得多的人拉下来，让大家都一样多，你不比我多，我也不比你多，大家心安理得，这一定符合人之本性。

焦叟：恐怕只有大多数失败者才有这种盼求吧！

嗣源：但是成功者也会失败呀，每个人都可能处于失败者的境地。只要是人，当处于失败境地时，都会产生"大家一样多"的心理需求。

焦叟："大家都一样"？不过是理论上说说而已，事实上不可能实现。

嗣源：理论可以转化为行动。卢梭的理论影响可大了！他根据"平等"出于人的本性，进一步论证说，人的内心有两种意志，一种是个人意志，另一种是公共意志。个人意志出于偏私的本性，只求比别人多，这种意志导致不平等，导致社会矛盾冲突，必须遏制个人意志才能维护公共意志。同样出于偏私本性，人们会盼求"大家都一样"，当所有人都处在"大家都一样"的社会环境之中的时候，所有人都怀有同一个意志，即维护"大家都一样"的社会状态，这种"完全一致的公共意志"就是"公意"。卢梭认为，他用人的偏私本性论证了完全一致的"公共意志"之存在，而且是永不熄灭地存在于人的内心。

焦叟：说来说去，无非就是要财产平等，大家都一样，穷人要瓜分富人的财产，跟论证什么是"公意"有什么相干？

嗣源：哦，千万不要小看了所谓的"公意"。这可是卢梭政治哲学的灵魂！完全一致的公共意志，即卢梭提出的"公意"，迷惑了好几代人，包括现代还有很多人相信他。

焦叟：我倒看不出有那么伟大。

嗣源：其实，要害不在于公共意志，而在于卢梭的"公意"是指"完全一致"的公共意志。

焦叟：为什么这么说？

嗣源：洛克，你知道吧。

焦叟：知道，著名的英国哲学家。

嗣源：洛克也提到，建立社会共同体必须基于社会成员的公共意志，但洛克认为，公共意志不可能是所有人完全一致的意志，因为社会成员在利益上有纷争，在意见上有分歧，不可能一致。所以，公共意志只能产生于多数人同意的意见。而且，洛克还特别强调，要是必须完全一致才能建立共同体，那么在建立当天就将宣告破产。

焦叟：显而易见，卢梭是针对洛克的。完全一致和多数意见的区别有那么重要？

嗣源：要知道，如果不满足"完全一致"这个条件，卢梭梭创设的政治大厦将轰然倒塌。

焦叟：有这么严重？

嗣源：我告诉你，在卢梭的著作中，一而再、再而三地论证这个"完全一致"。因为，卢梭所创设的平等，有个必要的前提，即不能有人反对，哪怕只是一个人反对，也不允许。

焦叟：有人反对是正常的么！

嗣源：不允许，从事实上讲，"大家一样多"即意味着没有一个例外，一旦有例外，"大家一样多"的状态就不再存在。逻辑上讲，只要一出现反对者，如果允许其存在的话，就会造成一个局面，"全体"分裂出两个部分，各部分都宣告并捍卫自己的意志，"公意"不再存在，个人意志任意泛滥，平等状态溃散。

焦叟：这似乎可以理解，如果允许某些人反对，这些人就会按照个人意志去争得更多的财产，同时激发更多人的个人意志，去竞争，去寻找机会发财致富。

嗣源：说的是，所以啊，要遏制个人意志，使它没有冒头的机会，只有保持"完全一致"的状态，才能维护"公意"。

焦叟：怎样遏制个人意志，使它没有冒头的机会呢？

嗣源：办法就是剥夺，卢梭把个人意志看作为"天然的自由"，他要剥夺人的这一本性，而且说，剥夺得越彻底对共同体越有利。

焦叟：怎么个剥夺法？

嗣源：卢梭认为，个人意志的实现必须依赖财产及其它个人权利，如果没收每个人的财产和权利，这种天然的本性就会得到遏制，"公意"才能维护和巩固。

焦叟：听你这么一说，洛克和卢梭两人的思想的确针锋相对，洛克认为，必须按大多数人意见产生公共意志，并以此为基础建立共同体，而卢梭认为，社会共同体必须建立在完全一致的的基础上，所有人都坚守完全一致的意志即"公意"。洛克认为若要"完全一致"，共同体无法建立，卢梭认为，如若不坚守"完全一致"，共同体将溃散。

嗣源：真是这样，你听得很用心。还应该看到，这一点分歧导致两种不同的政治哲学理论，具体地说，产生两种"社会契约论"。

焦叟：关于这方面，还得请你展开说一下。

嗣源：洛克从维护个人的自由、独立、平等出发，认为利益的纷争、意见的分歧和财产的差异都是无法避免的社会现象，只要遵守多数原则就会产生公共意志，然后自愿订立大家一致遵循的"契约"，设立政府，制定法律，结成政治共同体，以保证社会的安全和稳定。卢梭从消除财产和权利的不平等出发，认为必须遏制个人意志，发扬"大家一样多"的意志，形成"完全一致"的"公意"，一个美好的社会就应该建立在这一基础上。

焦叟：他所谓的美好社会就是一切平等的社会。

嗣源：对了，为此，卢梭设计了另一种社会契约，而且指出这是至高无上的根本大法，公约树立"公意"的绝对权威，不准任何人反对。这公约最重要的有两条：一是，每个人把个人的财产和一切权利奉献给集体，二是，谁不服从就迫使他服从。

焦叟：迫使他服从？使用暴力？

嗣源：卢梭说，这也是迫使他"自由"。

焦叟：迫使自由？这是什么自由？奇谈怪论。

嗣源：卢梭说的自由与众不同，他的自由观一两句说不清楚，简而言之，他所谓的自由就是"服从公意"，你可以这样理解，服从"公意"即意味着已经挣脱了万恶的个人意志的束缚，自由了！

焦叟：服从"公意"就是自由，迫使他服从就是迫使他自由，真是出奇的逻辑。

嗣源：可是，真是这样的逻辑迷惑了很多人，甚至迷惑了某些大学者；真是这样的逻辑，让卢梭居然被誉为崇尚自由的哲学家；真是这样的逻辑让卢梭及其弟子们借自由之名义实施各种"迫使"的手段，不但毫不手软而且自认为是正义之举。

焦叟：他们究竟实施那些手段？

嗣源：卢梭说，不准成立党派，大会讨论不准串联。卢梭告诫说，两个人的一致是由于跟第三者相对立而形成的，全体的一致是由于全体跟个人相对立而形成的。谁有反对意见，就动员全体与之斗争。谁坚持反对，就驱逐、坐牢、处死。

焦叟：这就叫做"迫使他自由"？天大的讽刺！

嗣源：但这是卢梭的政治理论导致的必然结果，卢梭要创建的"平等的美好的社会"，其要旨在于"全体一致"，不允许有例外，不准反对、哪怕是一个人反对也不行，这就决定了卢梭政治哲学具有专制、独裁的本质。更糟糕的是，他们还自诩为自由、公平、正义的使者。

焦叟：这对人类社会来说，就更具欺骗性、更具危险性。我记得，小时候就被灌输说，卢梭是人民的、民主的思想家，真想不到他的本质竟是专制、独裁。

嗣源：迫使、强制、完全一致、绝对权力，这些有着内在逻辑关系的种种表现，是一切专制独裁政治的通病。

焦叟：不过，我有点疑惑，可以说吗？

嗣源：尽管说。

焦叟：卢梭真是这么说的？不会是你带有偏见的主观分析吧。

嗣源：这一点请放心，我以上所说的卢梭的思想观点，都可以在他的著作里找到出处，有白纸黑字为据。

焦叟：刚才说到的法国大革命中的罗伯斯庇尔，真是卢梭的学生？

嗣源：是罗伯斯庇尔自己说的。这个卢梭的门徒走到这地步，真可以说是卢梭思想的直接结果。

焦叟：今天听你这么一说，我明白了为什么"平等"这个词语会让一些人厌恶甚至恐惧。

嗣源：有些大学者用很多语词来针对"平等"，什么"堕落的理想"，"极度的忌妒"、"自由的敌人"等等，恐怕跟卢梭宣扬的、歪曲的"平等"有直接关系。

焦叟：所以你提出，应该对平等下一个定义。

嗣源：是的，如果我们不否定"卢梭式的平等"，如果我们不能给平等以一个妥贴的定义，就无法肯定平等的价值，而平等恰恰是人类社会最重要的价值之一，就像自由一样。

焦叟：你的定义就是……。

嗣源：这是政治学范围适用的定义，平等是指"法律面前人人平等"。细说的话，这有几层意思，一是，法律必须宣告平等对待每个人；二是，除特定情况外，法律规定的权利，人人平等；三是，除特定情况外，法律规定的义务，人人平等；四是，法律给予的保护，人人平等；五是，法律规定的惩罚，人人平等。

焦叟：你认为"法律面前人人平等"是人类社会最重要的价值之一？

嗣源：当然是！这是人类社会演变至今所积累的最重要的经验——如果我们盼望一个美好的社会，那么首先必须确立并实践这一平等原则。

焦叟：这恐怕是对平等最高的赞誉，你确定？

嗣源：我确定！

焦叟：可是，我总觉得，眼前所见，明明都是不平等的呀！财产、名声、权力、地位，有哪一样是平等的？

嗣源：你又来了！一讲到平等就是"一切平等"，你的头脑里只有这种卢梭式的"平等"观念，我并不否认你所说的那些不平等，那是人类社会无法避免的，而且是人类这个种族的存在和发展所必需的。

焦叟：好吧，好吧，如你所说，要给于平等以最高的赞誉，不过，倒要听听为什么值得你怎么肯定。

嗣源：慢慢来，我想先说说来加拿大定居以后的最深的生活体验。

焦叟：好啊，我很有兴趣。

嗣源：多年来，我曾经反复地观察、思考，为什么我在加拿大这样的西方社会里看到了一些过去从未见过的现象呢？

焦叟：你究竟看到了些什么？

嗣源：一些生活琐事罢了。譬如说，我语言不通，但接待我的人，包括各种机构的接待人员，商店的、银行的、医疗的、学校的、政府的等等，他们的态度几乎都是温良的、让你安心的、甚至是亲切的。我常常先要说一句：我不会说英语。得到的回答则是"没事的"、"别在意"，还给你一个微笑。在公交车上，人们都保持安静，说话也小声。在公共场所，如果有人跟我碰了一下，对方马上说声抱歉，不管是谁先碰了谁。我想不起曾经看见过排队插队的行为，也想不起曾经看见过有人在公共场所吵架或大声斥骂。

焦叟：这些，我倒也有同样的体验。

嗣源：有一次我去买菜，拉着小车，可地铁站的电梯坏了，只好提起小车走步行阶梯，我缓慢地一级一级向上爬，忽然，有人接过小车，飞快地奔上去，我一抬头，只见有个白人青年微笑着朝我摇摇手，小车就在他的身旁，没等我开口，他却风一般地转身走了。

焦叟：哈哈，讲得很有画面感。你遇到雷锋了。

嗣源：不，雷锋可是大人物，那个白人青年的神情，让你觉得他不过是在做一件开心的事情。

焦叟：也许他觉得这是再平凡不过的小事。

嗣源：是啊，我刚才说的都是小事，哦，对了，我又想起一件事。

焦叟：一件大事？

嗣源：不，也是小事。有天，我儿子买了树苗，想种在前院的草地上，父子俩拿了把普通的铁铲轮流挖土，一个白人朝我们走来，手里拿着两把专门用来深挖的工具，他对我儿子说，不能用那种普通的铁铲，说着就帮忙挖土，果然效率很快，树苗终于妥贴地、稳稳地竖在坑里。他回去的时候，我们才发现他就住在斜对面，虽然不相认识，可他的一举一动就好像是多年来往的邻居。

焦叟：虽然这是一些小事，可你描述起来，像是铭记在心似的。

嗣源：这一件件小事，给我一个整体的感受，并引起我的思考：这样的社会风气，是怎么形成的呢？

焦叟：的确，这里的社会风尚，完全不像我们以前想象的那样。

嗣源：我们以前所经历的是什么呢？天天讲要大公无私，年年讲要学习雷锋，批判万恶的个人主义和资本主义，宣传西方是堕落的、吃人的社会。

焦叟：对呀，那时有个口号，叫做"狠斗私字一闪念"，似乎人人都是道德高尚的善人。可是现在怎么样？人类本性中丑恶的一面肆意泛滥。

嗣源：这就叫做"物极必反"。卢梭式的平等走到了反面，"万恶的个人主义"也走向了反面。

焦叟：你的意思是，个人主义反而形成了良好风尚？

嗣源：不，不是直接的关系，应该说，个人主义被调教了。

焦叟：被谁调教了？

嗣源：被平等的理念调教着。

焦叟：你是说，"法律面前人人平等"的理念调教个人主义，因而形成了良好的社会风气？

嗣源：这就是我多年来思考的结果。

焦叟：这说法新鲜得很，倒要听你仔细说说。

嗣源：我原以为，这也许是教育的结果，从小到大，在学校始终受到良好的教育。

焦叟：你不认为社会风气跟教育有关？

嗣源：当然也不能说跟教育无关，只是教育的因素取决于更为重要的因素，那就是在全社会形成的一种共识。

焦叟：你是说有关平等的共识。

嗣源：对，人与人之间都互相承认对方拥有一些共同的东西、"大家都一样"的东西。尊严、独立、自由、对幸福的追求、个人奋斗的意志，等等，人人都欲求保存、维护这些"大家都一样"的东西，并且由法律来确认和保障这些人人拥有的权利。

焦叟：这就是你说的权利平等。

嗣源：你有尊严，我有尊严，我有维护自己尊严的权利，你也有维护自己尊严的权利，我们彼此是平等的，应该互相尊重。如果你侵犯了我的尊严，我可以寻求法律的保护，如果我冒犯了你的尊严，我将会受到谴责和惩罚，也给自己的尊严抹黑。

焦叟：权利平等的共识导致人与人之间形成良性关系。

嗣源：我很高兴你这么说。权利平等将导致以下结果：不管你多么有权、有钱、有名，你无权冒犯我、干涉我，你不能歧视我、压迫我，你不能用强制或欺骗的手段让我服从你，如果你胆敢这么做，我将寻求并获得法律的保护。法律的保障，促进了人与人良好关系的维护和发展。

焦叟：不过，从现实一头来看，恐怕难以做到，人性本恶啊。

嗣源：你说的不错，人性中丑恶的一面实在是非常顽固，要不然，为什么几千年来都不承认法律面前人人平等的原则呢！

焦叟：几千年来，都是弱肉强食，根本谈不得平等。

嗣源：只是到了近代，才开始冒出苗头，像洛克这样的极少数人提出了平等的理念，却一开始就被卢梭歪曲了。直到二十世纪后半期，这一原则才在一些民主国家站稳了脚跟。可是"卢梭式的平等"，不但导致专制独裁，而且影响非常恶劣，某些自由主义者借此对平等的价值予以贬低、否定，平等这一理念，遭到了很多人的鄙视、唾弃。

焦叟：而你认为平等的理念具有极高的价值，甚至是最高的？

嗣源：我是这么认为的。平等给人类社会带来的好处，不仅仅是形成了良好的社会风气。

焦叟：倒要听听，还有什么大好处。

嗣源：奥巴马，知道吧。

焦叟：谁不知道，美国第一个黑人总统。

嗣源：可是自美国建国以后的一百多年间，黑人被认为是肮脏的、愚蠢的，黑人没有政治自由和其他自由权利，现在称之为种族歧视，可是当年这种歧视却受到法律的保护。直到二十世纪，种族歧视才受到遏制。

焦叟：你说的，是指上个世纪六十年代黑人争取平等权利的运动。

嗣源：是的，当时有三个黑人女学者，对美国航天事业初期发展做出了不小的贡献，但是她们居然不被准许跟白人使用同一间厕所，必须走出大楼到专门供黑人使用的厕所去。可想而知，种族歧视何等严重。如今美国的每个领域，到处可以看到黑人的贡献，涌现出许许多多的黑人科学家、政治家、企业家、教育家、艺术家、记者、律师等等。

焦叟：这就是你说的，权利平等带来的又一个好处。

嗣源：不但是黑人，对于女性也是同样，从前的女性没有选举权，直到二十世纪二十年代，美国修正宪法，保障妇女享有跟男人平等的各种权利，如今，社会各界都有女性做出杰出贡献。所以说，权利平等为社会的繁荣、富强、进步提供了强大的动力，原先在一半以上人口当中被压抑的人才及其能量被激发出来，极大地推动着社会的蓬勃发展。

焦叟：这倒让我想起，在中国常常听到一句口号，叫做极大地激发人民群众的积极性。

嗣源：那是阶级斗争的积极性，是一部分人压迫另一部分人的积极性，是淘汰英才的积极性，跟平等理念背道而驰。

焦叟：平等的好处之一，是形成了良好的社会风气，好处之二，是极大地激发出全民的积极性，还有什么好处？

嗣源：还有更重要的，维护政治上的稳定，维护长治久安。

焦叟：这倒确是头等重要的一个问题。

嗣源：权利平等的结果，使得每个人都可以参与国家大事的讨论，对国家大事可以自由发表自己的意见，可以用自己的选票参与做出决定，每个人感到自己是这个国家的成员之一，这个国家我有份，这个国家真正的是自己的国家，这个国家值得大家来维护。谁想通过武力来制造动乱或颠覆国家，绝大多数人不但不会跟着走，还将起而反之。

焦叟：有道理。过去在中国常常看到报道说，西方社会乱得很，三日两头有游行示威，四年一轮全国大吵大闹，其实，万马齐喑才是可怕的。

嗣源：历史学家常说，中国的历史，乱多于治。为什么？就因为那些"以天下为己任"的英雄豪杰们为了争夺"天下"，各自动员、组织一批群众，互相残杀。如今民主国家的精英们当然还会争权夺力，但是要动员、组织一批群众跟着他们去武力相争，恐怕是自寻死路。

焦叟：说得也是。你把"法律面前人人平等"带来的好处说了那么多，可是，人类的智慧为什么没有早早发现，直到经过了几千年的今天才发现？再说，你所描绘的良好社会，是否能长久维持下去，还不得而知。

嗣源：你提这个问题究竟是什么意思？

焦叟：我总想，历史一直在演变，但万变不离其宗，人性本恶，竞争、竞争、没完没了的竞争。你所描绘的现象，也许不过是历史循环的一个片断而已。

嗣源：人类社会将来会怎么样，我不知道，也说不上来。但是现在和不远的将来，"法律面前人人平等"的原则将愈来愈得到世界各国人民的拥护，这一原则将陆续在多数的社会里站稳脚跟，逐渐开花结果。

焦叟：你是个理想主义者。

嗣源：其实，我还真不是什么理想主义者，你说"没完没了的竞争"，没错，或许有朝一日，当平等原则普及全球之时，乱世魔鬼又在等待时机了。但是当今世界的潮流还是民主和平等自由。

焦叟：或许你是半个理想主义者。

嗣源：随你怎么说吧。不过，你明白我为什么强调"当今"世界？

焦叟：为什么？

嗣源：因为人类几千年文明发展至今，在物质上和精神上都打好了基础，将使愈来愈多的人确认平等的价值。

焦叟：打好了什么基础？

嗣源：在手工业经济已经发展的十五、六世纪，由于对劳动者的识字、计算能力有所要求，文化教育到了必须改革的当口。捷克教育家夸美纽斯首创"教科书"和"班级授课制"，推动了个别教育制向集体教育制过渡。在工业化时代、信息化时代，这种趋势更加明显。没有接受相当水平教育的人，很难融入现代化生产活动之中。如此一来，社会成员当中有文化、有才能者的比例愈来愈高。再加上现代通讯技术的发达，极大地加速了知识、信息的传播和交流，更加强化了这种趋势。

焦叟：这大概就是你说的物质基础，那么精神方面的基础呢？

嗣源：有文化有才能的人，接受大量信息，眼界开阔，然后在头脑里"加工"，善于思考。对于公共的、社会的、国家的事务，有了自己的观点，还希望"输出"，与人交流，得到他人的肯定，发现自己的价值。与此同时，独立、尊严、自由的意识应然而生，再也无法容忍被人歧视、低人一等的处境。社会普遍存在的不公平现象，激发了他们对平等的渴望。

焦叟：哦，你这一大篇描述，还真有感染力，以至于，我似乎听到了人世间对平等的呼唤。不过，还得现实一点，自古以来，总是有权有钱的人占优势，他们只想极力扩大其权力和财富，你还奈何他不得。

嗣源：再有权、再有钱，也最终低档不住大众的呼声。更何况在有权有钱的人当中，不乏有良知之士，他们会觉悟到，顺应当今的平等潮流，有利于保全自身，也有利于社会的安定。有良知的精英和大众的结合，逐渐形成广泛的共识，再通过政治、经济等方面的改革，真正落实"法律面前人人平等"原则，这就是眼前的康庄大道。

焦叟：想得美啊。

嗣源：又来了，你认为这是理想主义者，你难道没有看到世界上已经出现很多范例，积累了丰富的经验，颇有号召力，理想会变成现实，只待时机到来！

焦叟：可是，中国二千五百年的传统根深底固，等级观念和歧视他人的习惯，实在顽固得很。

嗣源：这不是中国的特色，世界上所有社会、所有国家，在历史上都是等级社会，那些欧美的民主国家在二十世纪还存在严重的歧视现象呢！

焦叟：不是理想主义者，那就算是乐观主义者。我似乎有点理解你为什么如此看重平等的价值，但还有一个问题，自由呢，自由的价值呢？

嗣源：我懂你的意思。不少自由主义大学者都一再强调，平等与自由是"有矛盾的"、"互相对立的"，甚至说"平等是自由的敌人"，如果他们所针对的是"卢梭式的平等"，那么他们说的没错。如果把平等定义为法律面前的平等,那么他们反对平等就大错特错了！

焦叟：怎么大错特错了？

嗣源：因为这等于说，他们要维护的"自由"是反对"法律面前人人平等"原则的，或者说，他们要维护权利的不平等状况。譬如说，他们拥有自由选举权，而愚昧大众不得拥有自由选举权，这样一来，他们以反对平等为由剥夺了大众的自由权利，维护了自己的特权。你难道不认为他们大错特错了？

焦叟：不平等的现象到处都是，譬如说，剧场演出的门票 3 千元，富人有买票看演出的自由，穷人则没有这种自由，这就是富人的特权，你难道认为应该剥夺这种特权吗？

嗣源：又来了，归根到底你还是依据"卢梭式的平等"来看问题，以为"平等"意味着要消除贫富差别，这不对，权利平等不包括财产平等，实际上，合法收入不等同的现象是法律所承认的，而且受法律保护。自由选举权应该平等，这是政治平等，收入差异是经济自由，二者并不矛盾。你这个"譬如说"，正好可以作为例证，来强调"卢梭式的平等"和我所定义的平等概念之间的区别。

焦叟：所以在你看来，自由与平等不是对立的。

嗣源：是的，二者不但不是对立的，而且是互相融合的，看你如何定义。

焦叟：你上面说了平等的定义，那么，自由的定义呢？

嗣源：如果你说"我要自由地飞翔"，在这句话里，自由这个词语的运用当然无所限制，但是，作为政治学领域的自由概念就不能泛泛而论，必须有特定的涵义，应该说，自由是——法律所规定的限制以外可以按自己意愿行事的权利。

焦叟：你说到"法律规定的限制"，自由怎么跟"限制"搭界了？

嗣源：必须如此，如果你认为自由具有很高的价值，那就必须如此，这是"人人都要自由"这个断言引申出来的必然结果。

焦叟：而正是因为"人人都要自由"，所以说自由的价值很高。

嗣源：人人都要自由，可以引申出两条，一是，自由价值很高，二是，你不得侵害他人的自由，后者要求对人的行为必须做出某种限制——不得侵害他人自由。

焦叟：对自由加上限制？

嗣源：不是对自由的限制，是对人行为做出限制，如果允许人与人之间互相侵犯，那么，大多数人必定将失去自由。所以，必须限制侵害他人的行为。

焦叟：你的意思是，自由不是指想怎样做就怎样做？

嗣源：当然，我们讲的是在共同体中人与人相处的规范，我们讨论的自由，是社会学、政治学范围的概念，自由的定义跟平等的定义一样，必须有确切的、特定的含义，然后才能确定二者的价值。

焦叟：你还认为，平等与自由应该是互相融合的？

嗣源：是的，平等意味着自由权利的平等，自由意味着平等的自由权利，权利不平等意味着允许侵害他人自由，导致大多数人失去自由。自由与平等理应互相融合，这样才能显现它们的价值。

焦叟：这有点像绕口令。

　　嗣源：是我词不达意吧？

　　焦叟：哪里，你所说的，还得让我好好回味一下。领教了，谢谢。

www.ingramcontent.com/pod-product-compliance
Lightning Source LLC
Chambersburg PA
CBHW011835020426
42335CB00022B/2825